時を越えて輝く和裂服

渋谷容子の
おしゃれな
着物
リフォーム

制作・監修
渋谷容子

日東書院

目次

はじめに —— 4

第一章　着物の柄を生かしたデザイン —— 5

- No.01　ピンクとグレーの大胆な横縞のツーピース —— 6　作り方 8
- No.02　レトロな色合いが懐かしい市松模様のツーピース —— 7　作り方 10
- No.03　赤い絞りのボレロと羽織で作ったハーレムパンツ —— 12　作り方 14
- No.04　亀甲模様のボレロと黒のハーレムパンツ —— 13　作り方 16
- No.05　ショッキングピンクが効いている夢二風縦縞のコート —— 18　作り方 20
- No.06　幅広衿で片違いの打ち合わせ　夏の上布から作ったコート —— 19　作り方 22
- No.07　表が茶色い紬で裏が絞りのリバーシブルコート —— 24　作り方 26
- No.08　男物長襦袢から今風のチュニックを —— 28　作り方 30
- No.09　縦絽の夏の長襦袢で涼しげなチュニック —— 29　作り方 31

第二章　着物の特徴を生かしたデザイン —— 33

- No.10　羽裏は模様の宝庫　デザインを楽しむチュニック —— 34　作り方 36
- No.11～12　扇面模様のチュニック、ウエストギャザーのチュニック —— 35　作り方 37
- No.13　夏絽のブラウス　モノトーンの花模様がシック —— 38　作り方 40
- No.14　秋草模様の絽の羽織から袖にオーガンジーを使ったチュニック —— 39　作り方 41
- No.15～17　同じデザインを素材を変えて作ったワンピース —— 42　作り方 46
- No.18　緑と黒の縦縞ピンタックつきワンピース —— 48　作り方 50
- No.19　カラフルな子どもの着物でアクセントをつけたワンピース —— 49　作り方 52
- No.20　茶と白の対比が大胆な絞りで「魅せられて」ドレス —— 54　作り方 55
- No.21　ピンタックつきワンピースを藍の紬で —— 56　作り方 50

第三章 いなせな半纏(はんてん)と留袖(とめそで)変化(へんげ) —— 57

- No.22 半纏から作ったトッパー風マオカラーのジャケット —— 58
  - 作り方 —— 60
- No.23 交通マークが目を惹く半纏のオーバーオール —— 59
  - 作り方 —— 62
- No.24~26 半纏素材のバリエーション —— 64
  - 作り方 —— 67
- No.27 身頃いっぱいに描かれた古典模様のフードつきコート —— 70
  - 作り方 —— 72
- No.28 華やかなシーンに映える格調高い留袖アンサンブル —— 71
  - 作り方 —— 74
- No.29 雲に浮かぶ鶴のデザインはおめでたい席にも重宝 —— 78

第四章 ふだん使いでカジュアルに —— 79

- No.30 思い切った色使いの銘仙だからシンプルなアンサンブルで —— 80
  - 作り方 —— 82
- No.31 渋い男物紬をベストスーツ スカートは遊び心を —— 81
  - 作り方 —— 84
- No.32 着物ならではの模様を生かしたアンサンブル —— 86
  - 作り方 —— 88
- No.33 男物はかまからキュロットのジャンパースカート —— 87
  - 作り方 —— 90
- No.34 矢羽根模様が懐かしい気軽に使えるベストスーツ —— 92
  - 作り方 —— 94
- No.35~37 ブラウスは何枚あっても嬉しいもの —— 93
  - 作り方 —— 95

第五章 着物リフォームの作り方 —— 97

- 覚えておきたい着物の部分名称 —— 98
- 着物のほどき方 —— 100
- サイズを変更する方法 —— 101
- 製図を使わずに着物から洋服を作る方法 —— 102
- 男物羽織の羽裏から作るチュニック —— 104
- 縞柄の着物からピンタックつきワンピースを —— 106

はじめに
一度着たら虜(とりこ)になる着物リフォーム

着物からリフォームした洋服を一度着ると「くせになる」と言われます。

それは染めと織りの粋を集めた着物地の魅力に、魅せられてしまうからでしょう。

長い伝統のなかで作り上げられてきた着物の布には、手触りといい柄といい洋服にはない独特のオーラがあって、身にまとうだけでそれまでの自分とは違った「自信」を感じさせてくれます。

街で声をかけられたり、パーティーで称賛の的になったりもします。とくに外国ではそれが顕著になり、日本の文化を誇りに思えます。

そんなすてきな着物リフォームを簡単に作り、カジュアルに着こなせるように、本書では37点のデザインを紹介します。

あなたをもっと輝かせる着物リフォームが、きっと見つかることを願って――。

渋谷(しぶや)容子(やすこ)

第一章
着物の柄を生かしたデザイン

きもののがらをいかしたデザイン

No.01
作り方はP.8へ

ツーピース

まるでイタリアのテキスタイル（生地）のような鮮やかな色合いのストライプ。本当は縦縞の着物でした。昭和の昔、これを着こなしていた人はなんとモダン、ハイカラだったことでしょう。

和裂服

ピンクとグレーの大胆な横縞のツーピース

レトロな色合いが懐かしい 市松模様のツーピース

No.02
作り方はP.10へ

ツーピース

市松模様はそれだけでレトロ感を表すもの。紫とグリーンという組み合わせが、大正時代の女学生のようにおしゃれです。ソフトプリーツのスカートで乙女チックにしました。上下共にリバーシブルです。

第一章 着物の柄を生かしたデザイン

ピンクとグレーの横縞のツーピース

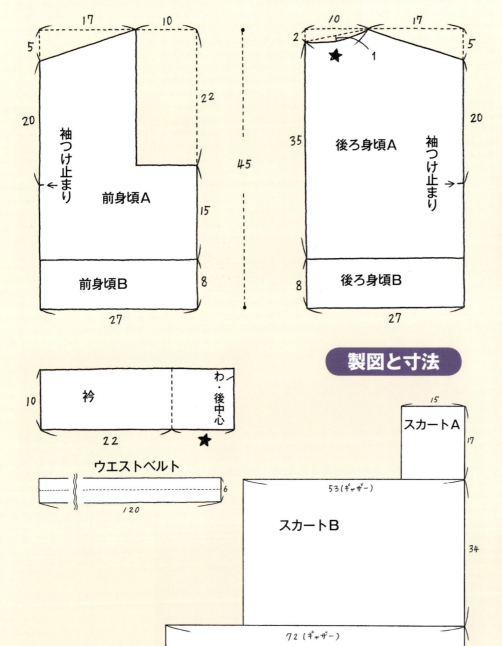

製図と寸法

素材
銘仙

材料（トップ）
- 前身頃A…左右各1枚
- 前身頃B…左右各1枚
- 後ろ身頃A…左右各1枚
- 後ろ身頃B…左右各1枚
- 衿…表裏各1枚、芯1枚

材料（スカート）
- スカートA…前後各4枚
- スカートB…前後各2枚
- スカートC…前後各2枚
- ウエストベルト…1枚
- ゴム…適量

縫い代
製図は出来上がり寸法です。トップの縫い代は前身頃裾、後ろ身頃裾は2cm、袖口は各2cm、その他は1cmです。スカートは裾4cm、その他は各1cmです。

第一章　物の柄を生かしたデザイン

作り方と順序

トップ

① 左右の前身頃Aの下部と左右の前身頃Bの上部をそれぞれ中表に合わせ縫い、縫い代をアイロンで割る。左右の後ろ身頃ABも同様に縫う。

② ①の左右の前身頃を中表に合わせ中心線を縫い、縫い代をアイロンで割る。左右の後ろ身頃も同様に縫う。

③ ②の前身頃と後ろ身頃を中表に合わせ肩線を縫い、縫い代をアイロンで割る。

④ 表衿と芯を貼った裏衿を中表に合わせ、衿上部を縫い、表に返してアイロンで形を整え、両脇と下部の縫い代を裏側に向けて折る。

⑤ ④の衿下部に③の身頃衿ぐりをはさみ縫う。

⑥ 袖ぐり、身頃裾の始末をする。

着物襟のように縦に開いた襟は、そのまま着てもいいしこのように折って着ることもできる。

短い丈にフレンチスリーブと小さくまとめたトップに、ボリュームのあるギャザースカートで。

スカート

① 前スカートA 4枚、前スカートB 2枚、前スカートC 2枚の両端をそれぞれ中表に合わせ縫い、縫い代をアイロンで割る。後ろスカートABCも同様に仕上げる。

② 前スカートBの上部にギャザーを寄せて前スカートAの下部と同じ長さに、前スカートCの上部にギャザーを寄せて前スカートBの下部と同じ長さにし、前スカートABCを縫い合わせ、縫い代を上に向けて倒し、表からステッチをかける。後ろスカートABCも同様に縫い合わせる。

③ ②の前後スカートを中表に合わせ両端を縫い、縫い代をアイロンで割る。

④ ウエストベルトを中表に輪に縫い、上下の縫い代を裏側に向けて折り、表に返して全体を横半分に折る。

⑤ ④のウエストベルト下部に③のスカート上部を挟み、ゴム入り口を2cm程残して縫う。

⑥ ウエストにゴムを入れ、ゴム入り口を縫い閉じスカート裾の始末をする。

市松模様のツーピース No.02

製図と寸法

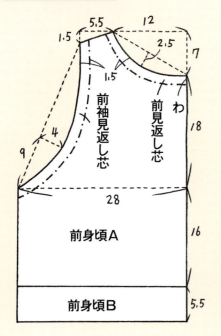
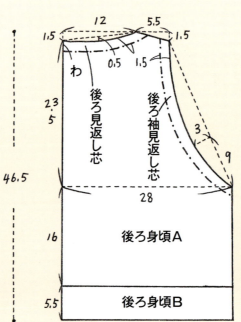

作り方と順序

トップ

1. 袖ぐりと衿ぐりに芯を貼った左右の前身頃Aを中表に合わせ中心線を縫い、縫い代をアイロンで割る。左右の後ろ身頃Aも同様に仕上げる。
2. 左右の前身頃Bを中表に合わせ、中心線を縫い、縫い代をアイロンで割る。左右の後ろ身頃Bも同様に縫う
3. 前身頃Aと後ろ身頃Aを中表に合わせ、肩線と両脇を縫い、縫い代をアイロンで割る。前身頃Bと後身頃Bも同様に縫う。
4. 身頃ABの裾の始末をする。
5. 身頃Aの袖ぐりと衿ぐりの縫い代を裏側に向けて折り、身頃Bの袖ぐりと衿ぐりの縫い代は表側に向けて折り、それぞれアイロンでしっかり癖つける。
6. 身頃ABを重ね、衿ぐり、袖ぐりを表から縫い合わせる。

スカート

1. スカートA6枚、スカートB6枚の両端をそれぞれ中表に合わせ輪に縫い、縫い代をアイロンで割る。
2. スカートABのダーツを、それぞれ裏からとり、縫い代を右側に向けて倒す。
3. スカートAの裾とスカートBの裾を中表に合わせ縫い、表に返し、スカートABの上部を外表に合わせて形を整える。
4. ウエストベルトを中表に輪に縫い、上下の縫い代を裏側に向けて折り表に返して全体を横半分に折る。
5. ウエストベルト下部に3のスカート上部を挟み、ゴム入り口を2cm程残して縫う。
6. ウエストにゴムを入れ、ゴム入り口を縫い閉じる。

素材
銘仙

材料（トップ）
- 前身頃A…左右各1枚
- 後ろ身頃A…左右各1枚
- 前身頃B…身頃ABを合わせたもの左右各1枚（リバーシブル）
- 後ろ身頃B…身頃ABを合わせたもの左右各1枚（リバーシブル）
- 衿ぐり芯…前後左右各1枚
- 袖ぐり芯…前後各1枚

材料（スカート）
- スカートA…6枚
- スカートB…スカートABを合わせたもの6枚
- ウエストベルト…1枚
- ゴム…適量

縫い代
製図は出来上がり寸法です。トップの縫い代は前身頃裾、後ろ身頃裾は2cm、その他は1cmです。スカートは裾4cm、その他は各1cmです。

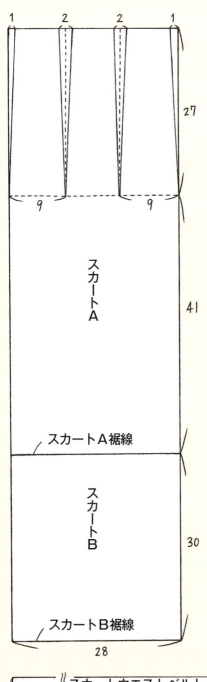

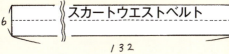

第一章 着物の柄を生かしたデザイン

スカートはリバーシブルになっていて、黒と市松模様両方使えるのでその日の気分で。

スカートに合わせて黒い帽子をかぶれば、ちょっとおしゃれなお出かけ風。

赤い絞りのボレロと羽織で作ったハーレムパンツ

No.03
作り方は P.14 へ

ボレロとハーレムパンツ

眼にも鮮やかな深紅がインパクトを与えます。手の込んだ絞りの模様がゴージャス。こんな布を長襦袢に使っていた昔の女性の贅沢を羨ましく思います。パンツは黒の羽織から作りました。

和裂服

第一章　着物の柄を生かしたデザイン

No.04
作り方はP.16へ

ボレロと
ハーレムパンツ

定番というのは着るひとを上品に落ち着いた雰囲気にするものですが、この亀甲模様もそう。一歩間違えると地味すぎてしまうところを、ボレロにすることで可愛さを表現しました。

和裂服

第一章 着物の柄を生かしたデザイン

亀甲模様のボレロと黒のハーレムパンツ

赤い絞りのボレロとハーレムパンツ

No.03

製図と寸法

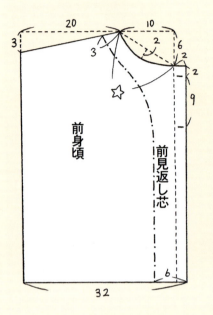
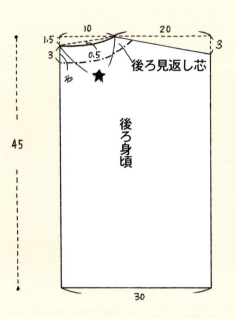

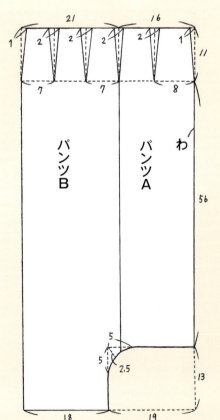
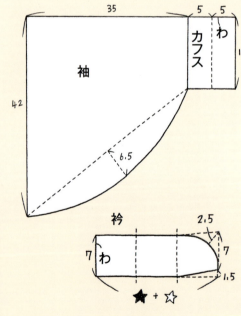
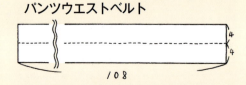

素材（ボレロ）
絞りの長襦袢

材料（ボレロ）
- 前身頃…表裏左右各1枚
- 後ろ身頃…表裏左右各1枚
- 前見返し芯…左右各1枚
- 後ろ見返し芯…1枚
- 衿…表裏各1枚、芯1枚
- 袖…表裏前後左右各1枚
- カフス…左右各1枚、芯2枚

素材（パンツ）
羽織

材料（パンツ）
- パンツA…前後各1枚
- パンツB…前後左右各1枚
- ウエストベルト…1枚
- ゴム…適量

縫い代
製図は出来上がり寸法です。縫い代はトップは袖口各2cm、その他は各1cm、パンツは裾4cm、その他は各1cmです。

作り方と順序

ボレロ

① 左右の表後ろ身頃を中表に合わせ、中心線を縫い、縫い代をアイロンで割る。

② 左右の前身頃と表後ろ身頃を中表に合わせ肩線を縫い、縫い代をアイロンで割る。

③ 左右の表身頃の脇に左右の表袖をそれぞれ中表に合わせ縫う。袖下の縫い代をしっかりアイロンで癖つけておく。

④ 芯を貼った裏身頃も①〜③の要領で縫う。

⑤ 表衿と芯を貼った裏衿を中表に合わせ、衿上部を縫い、表に返してアイロンで形を整え、表身頃の衿ぐりにしつけで留める。

⑥ 表身頃と裏身頃を中表に合わせ、右前中心→衿ぐり→左前中心を続けて縫い、表に返して形を整え、ステッチをかける。

⑦ 左右の表カフスと芯を貼った左右の裏カフスをそれぞれ中表に合わせ、輪に縫い、上下の縫い代を裏側に向けて折り、表に返し、全体を外表に横半分に折り、アイロンで形を整える。

⑧ カフス下部に左右の袖ぐちをはさみ、表からステッチをかける。

⑨ 左右の袖下、身頃裾の表裏を縫い合わせながら始末をする。

⑩ 前身頃にボタンホールを開け、ボタンをつける。

ボレロは黒地とのリバーシブル。動きにつれて赤い裏がちらちら見えるのがとても素敵。

フレアーのついたマント風のボレロに股下の長いハーレムパンツが優雅な雰囲気を出します。

パンツ

① 前パンツAの両脇に左右の前パンツBの片端をそれぞれ中表に合わせ縫い、縫い代をアイロンで割る。同じ要領で後ろパンツを仕上げる。

② 前後パンツに表からダーツをとる。

③ 前パンツと後ろパンツを中表に合わせ、両脇と股下を縫い、縫い代をアイロンで割り、表に返して形を整える。

④ ウエストベルトを中表に輪に縫い、上下の縫い代を裏側に向けて折り、表に返して横半分に折る。

⑤ ウエストベルト下部にパンツ上部を挟み、ゴム入り口を2cm程残して縫い合わせる。

⑥ パンツ裾をゴム入り口を2cm程残して始末をする。

⑦ パンツのウエストと裾にゴムを入れ、ゴム入り口を縫い閉じる。

亀甲模様のボレロとハーレムパンツ

No.04

製図と寸法

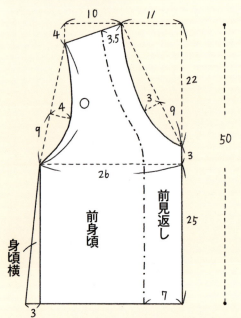
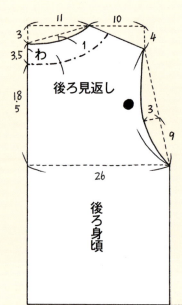
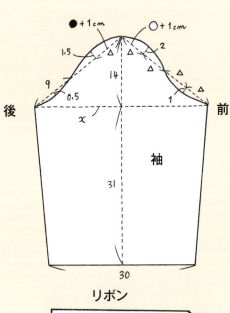
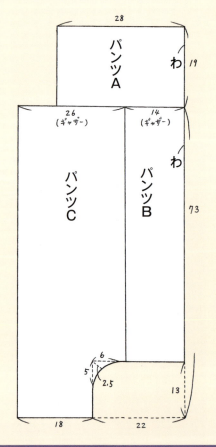
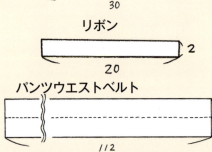

素材（ボレロ）
絞りの羽織

材料（ボレロ）
- 前身頃…左右各1枚
- 後ろ身頃…左右各1枚
- 身頃横…前後左右各1枚
- 前見返し、芯…左右各1枚
- 後ろ見返し、芯…1枚
- 袖…左右各1枚
- リボン…左右各1枚

素材（パンツ）
羽織

材料（パンツ）
- パンツA…前後各1枚
- パンツB…前後各1枚
- パンツC…前後左右各1枚
- ウエストベルト…1枚
- ゴム…適量

縫い代
製図は出来上がり寸法です。縫い代はトップは袖口各2cm、その他は各1cm、パンツは裾4cm、その他は各1cmです。

第一章 着物の柄を生かしたデザイン

作り方と順序

ボレロ

① 左右の後ろ身頃を中表に合わせ、中心線を縫い、縫い代をアイロンで割る。

② 後ろ身頃の脇に左右の後ろ身頃横をそれぞれ中表に合わせ縫い、縫い代を割る。

③ 左右の前身頃の脇に左右の前身頃横をそれぞれ中表に合わせ縫い、縫い代を割る。

④ 後ろ身頃に左右の前身頃を中表に合わせ、肩線を縫い、縫い代をアイロンで割る。

⑤ 芯を貼った後ろ見返しと左右の前見返しを中表に合わせ、肩線を縫い、縫い代をアイロンで割る。

⑥ 左右リボンの上下と片脇の縫い代をそれぞれ裏側に向けて折り、外表に横半分に折り、表からステッチをかける。

⑦ ④の前後身頃と⑤の見返しを中表に合わせ、左右の前中心線上部に⑥のリボンを挟みながら、右前中心→衿ぐり→左前中心を続けて縫い、表に返して形を整え、ステッチをかける。

⑧ 左右の身頃袖ぐりに、左右の袖山をそれぞれ中表に合わせ縫い、縫い代を身頃側に向けて倒す。

⑨ 袖下、前後身頃の脇を中表に合わせ、袖下と脇線を続けて縫い、縫い代を割る。

⑩ 袖口、身頃裾の始末をする。

スカーフをとったところ。温かい季節ならこのままで寒ければタートルネックも。

ハーレムパンツは足を閉じればロングのタイトスカートのようで、大人っぽい雰囲気。

パンツ

① 前パンツBの両脇に左右の前パンツCをそれぞれ中表に合わせ縫い、縫い代を割る。

② パンツ上部にギャザーを寄せ、パンツAの下部と同じ長さにする。後ろパンツも同じ。

③ 前後パンツAの下部に前パンツBC上部を中表に合わせ縫い、縫い代を下に向けて倒し、表からステッチをかける。同じ要領で後ろパンツABCを仕上げる。

④ 前パンツと後ろパンツを中表に合わせ、両脇と股下を縫い、縫い代をアイロンで割り、表に返して形を整える。

⑤ ウエストベルトを中表に輪に縫い、上下の縫い代を裏側に折り、表にして横半分に折る。

⑥ ウエストベルト下部にパンツ上部を挟み、ゴム入り口を2㎝程残して縫い合わせる。

⑦ パンツ裾をゴム入り口を2㎝程残して始末。

⑧ パンツのウエストと裾にゴムを入れ、ゴム入り口を縫い閉じる。

No.05
作り方はP.20へ

コート

大正時代の人気画家、竹久夢二の絵に出てきそうなロマンチックな柄行です。大胆な縦縞を生かしてストレートなデザインに。ブーツと組み合わせて都会の街を颯爽と歩きましょう。

和製服

ショッキングピンクが効いている夢二風縦縞のコート

幅広衿で片違いの打ち合わせ
夏の上布から作ったコート

第一章 着物の柄を生かしたデザイン

No.06
作り方はP.22へ

コート

上布の薄くて張りがあり、軽やかな質感が、着ている喜びを感じさせてくれます。動きのある流水模様が、さらに気持を引き立てて。日射しを浴びて着たい単衣のコートです。

和裂服

夢二風縦縞のコート

製図と寸法

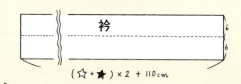
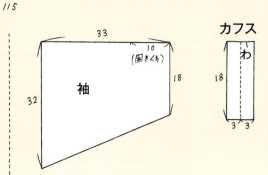

素材
錦紗（きんしゃ）

材料
- 前身頃…左右各1枚
- 後ろ身頃…左右各1枚
- 身頃横折りたたみマチ…左右各1枚
- 後ろ身頃中心折りたたみマチ…1枚
- 前見返し、芯…左右各1枚
- 袖…前後左右各1枚
- カフス…左右各1枚、芯2枚
- 衿りぼん…1枚
- スナップ…5組

羽織の紐を利用して背中につけました。なくてもよいのですがちょっとお茶目な雰囲気に。

作り方と順序

コート

① 後ろ身頃中心と身頃横の折りたたみマチをそれぞれ谷折りにし、折り目が崩れないように裏からステッチをかける。

② 後ろ身頃中心折りたたみマチの両脇に左右の後ろ身頃中心をそれぞれ中表に合わせ縫い、縫い代を脇に向けて倒し、表からステッチをかける。

③ 左右の前身頃と芯を貼った左右の前見返しをそれぞれ中表に合わせ、前中心線を縫い、表に返して形を整え、ステッチをかける。

④ 後ろ身頃と左右の前身頃を中表に合わせ、肩線を縫い、縫い代をアイロンで割る。

⑤ 左右の前袖と左右の後ろ袖をそれぞれ中表に合わせ、開き口を残して袖中心線を縫い、縫い代をアイロンで割る。開き口に表からステッチをかける。

⑥ 前後身頃の袖位置に、左右の袖をそれぞれ中表に合わせ縫う。

⑦ 左右の前後袖下を中表に合わせ縫う。

⑧ 左右の身頃横折りたたみマチの両脇の縫い代に、左右の前後身頃のの脇をそれぞれ中表に合わせ縫い、表からステッチをかける。

⑨ 芯を貼った左右のカフスを輪に縫い、上下の縫い代を裏側に向けて折り、表に返して全体を横半分に折る。

⑩ カフス下部に左右の袖口をそれぞれ挟み、表からステッチをかける。

⑪ 衿リボンを中表に横半分に折り、両脇を縫い、下部の縫い代を裏側に向けて折り、表に返して形を整える。

⑫ リボン下部に身頃衿ぐりを挟み縫う。

⑬ 身頃裾の始末をし、前身頃にスナップを縫いつける。

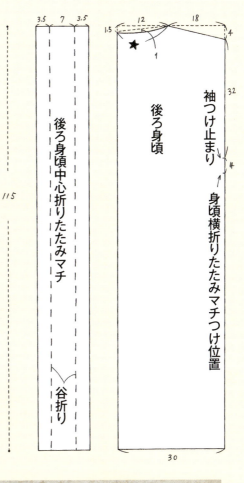

襟リボンは黒とグリーンがちょうど裏返しになるようにしておくと変化を楽しめます。

後ろ身頃中心と身頃横に折りたたみのマチを入れています。古布は傷みやすいので幅を広くとって余裕を持たせておく必要があるからです。

縫い代

製図は出来上がり寸法です。縫い代はコート裾4cm、袖口は2cm、その他は1cmです。

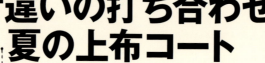

片違いの打ち合わせ 夏の上布コート

No.06

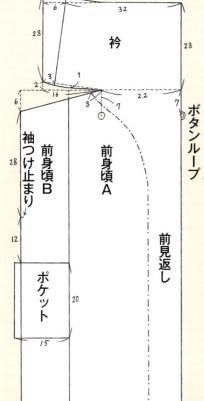

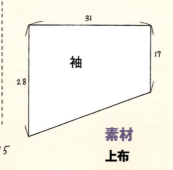

素材
上布

材料
- ●前身頃A（衿も一緒にとる）…左右各1枚
- ●前身頃B…左右各1枚
- ●後ろ身頃A…左右各1枚
- ●後ろ身頃B…左右各1枚
- ●ポケット…左右各1枚
- ●後ろ身頃中心折りたたみマチ…1枚
- ●袖…前後左右各1枚
- ●前見返し、芯…左右各1枚
- ●後ろ見返し、芯…1枚
- ●ボタンループ…1つ
- ●ボタン…1個

製図と寸法

前のボタンを外して羽織るように着てもいいですね。ざっくりと大胆な着こなしで。

部の縫い代は裏側に向けて折っておく。

⑧ 後ろ衿の下部と後ろ身頃衿ぐりを中表に合わせ、しつけて留めておく。

⑨ 前後身頃と前後見返しを中表に合わせ、右身頃の中心線上部ににボタンループを挟み、左右の中心線、後ろ衿ぐりを縫う。表に返して形を整え、左右の前中心線にステッチをかけ、前見返しの上部を手縫いで留める。

⑩ 左右の前袖と左右の後ろ袖をそれぞれ中表に合わせ、袖中心線を縫い、縫い代をアイロンで割る。

⑪ 前後身頃の袖位置に、左右の袖を中表に合わせ縫う。

⑫ 袖下、前後身頃脇をれぞれ中表に合わせ、袖下と脇線を続けて縫う。

⑬ ポケットを作り、左右の前身頃に縫いつける。

⑭ 袖口、前後身頃裾、衿周りの始末をして、左前身頃にボタンを縫い付ける。

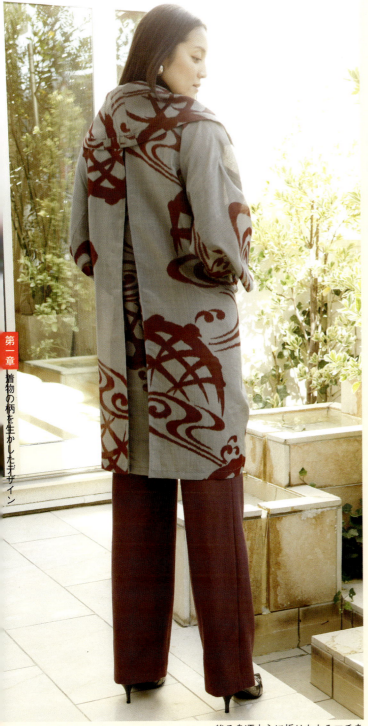

後ろ身頃中心に折りたたみマチを入れます。生地が薄くて古いので、裂けたりしないように。

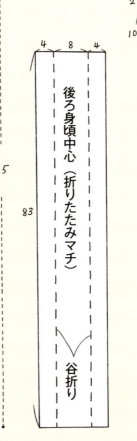

作り方と順序

① 後ろ身頃中心折りたたみマチを谷折りにし、折り目が崩れないように裏からステッチをかける。

② 左右の後ろ身頃AとBをそれぞれ中表に合わせ片側を縫い、縫い代をアイロンで割る。

③ 左右の後ろ身頃を中表に合わせ、上部から縫い止まりまで縫い、縫い代をアイロンで割る。

④ 後ろ身頃中心折りたたみマチの両脇の縫い代に後ろ身頃中心の開き部分をそれぞれ中表に合わせ縫い、表からステッチをかける。

⑤ 左右の前身頃AとBを②と同様に仕上げ、左右の衿横に左右の後ろ衿をそれぞれ中表に合わせ縫い、縫い代をアイロンで割る。

⑥ 後ろ身頃と左右の前身頃を中表に合わせ、肩線を縫い、縫い代をアイロンで割る。

⑦ 芯を貼った後ろ見返しと左右の前見返しを中表に合わせ、肩線を縫い、縫い代をアイロンで割る。前見返し上

縫い代

製図は出来上がり寸法です。縫い代はコート裾4cm、袖口は2cm、その他は1cmです。

表が茶色い紬で裏が絞りのリバーシブルコート

第一章 着物の柄を生かしたデザイン

No.07
作り方はP.26へ

コート

紬の凛とした格調に柔らかい絞りを組み合わせて、二つの対照的な雰囲気を楽しめるリバーシブルのコート。紬は織りがしっかりしているので、マニッシュな装いも楽しめます。

和製服

絞りとのリバーシブル。紬とはまた違う風合いで女らしい柔らかさを。

第一章 着物の柄を生かしたデザイン

共布でブラウスとマフラーを作る

とても簡単にできるのにすごくおしゃれなブラウス。衿はスタンドカラーでマフラーは紬とリバーシブルにしています。ベストにもブラウスにも使えるなにかと便利なアイテム。

和裁服

紬と絞りの リバーシブルコート

No.07

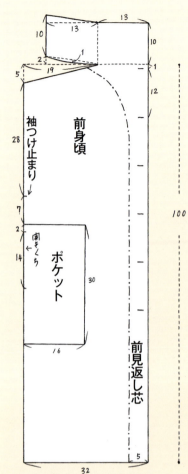

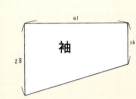

素材（コート）
紬　絞り

材料（コート）
- 前身頃…表裏左右各1枚
- 後ろ身頃…表裏左右各1枚
- 袖…表裏前後左右各1枚
- 前見返し芯…左右各1枚
- 後ろ見返し芯…1枚
- ポケット…左右各1枚
- ボタン…表裏各6個

縫い代
製図は出来上がり寸法です。縫い代はコート裾4cm、袖口は2cm、その他は1cmです。

製図と寸法

第一章　着物の柄を生かしたデザイン

作り方と順序

コート

① 左右の表後ろ身頃を中表に合わせ、中心線を縫い、縫い代をアイロンで割る。

② 表後ろ身頃と左右の表前身頃を中表に合わせ、肩線を縫い、縫い代をアイロンで割る。

③ 表身頃の衿下と表後ろ身頃の衿ぐりを中表に合わせ縫い、縫い代を下に向けて倒す。

④ 左右の表前袖と左右の表後ろ袖をそれぞれ中表に合わせ、袖中心線を縫い、縫い代をアイロンで割る。

⑤ 表前後身頃の袖位置に表袖を中表に合わせ縫う。

⑥ 表袖下、表前後身頃脇をそれぞれ中表に合わせ、袖下、脇線を縫い、身頃裾と袖口の縫い代を裏側に向けて折っておく。

⑦ 左右の表前身頃にポケットを縫いつける。

⑧ 1〜6の手順で芯を貼った裏コートを仕上げる。

⑨ 表コートと裏コートを中表に合わせ、右前中心→衿上部→左前中心を続けて縫い、表に返して全体的に形を整える。

⑩ 左後ろ身頃裾→左前身頃裾→左前中心→衿上部→右前中心→右前身頃裾→右後ろ身頃裾の順に表からステッチをかける。袖口にもステッチをかけ、表身頃と裏身頃を縫い合わせる。

⑪ 表身頃と裏身頃が離れないように、後ろ身頃の衿ぐりと左右の袖ぐりの縫い目に落としミシンをする。

⑫ 左前身頃にボタンホールを開け、表裏右前身頃にボタンをつける。

後ろ姿はスッキリとしたスタンダードなスタイル。通勤やちょっとした外出に活躍しそう。

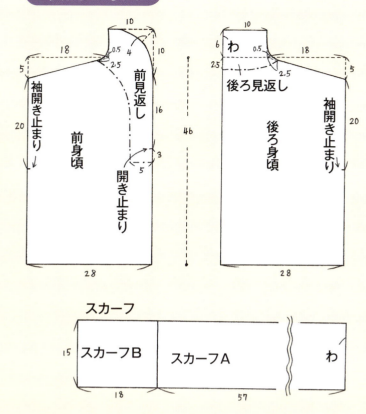

製図と寸法

共布のブラウスとスカーフ

素材（ブラウス）
絞り

材料（ブラウス）
- 前身頃…左右各1枚
- 後ろ身頃…左右各1枚
- 前見返し、芯…左右各1枚
- 後ろ見返し、芯…各1枚

素材（スカーフ）
絞り　袖

材料（スカーフ）
- スカーフA…表裏各1枚
- スカーフB…表裏左右各1枚

縫い代
製図は出来上がり寸法です。縫い代は前身頃裾、後ろ身頃裾は2cm、袖口は2cm、その他は1cmです。

作り方と順序

スカーフ
1. 表スカーフAの両脇に、左右の表スカーフBをそれぞれ中表に合わせ縫い、縫い代をアイロンで割る。後ろスカーフABも同様に仕上げる。
2. 表スカーフと裏スカーフを中表に合わせ、10cm程の開き口を残し、スカーフの外周を縫う。
3. 開き口よりスカーフを表に返し、アイロンで形を整え、開き口を手で縫い閉じる。

作り方と順序

ブラウス
1. 左右の表後ろ身頃を中表に合わせ、中心線を縫い、縫い代をアイロンで割る。
2. 左右の前身頃を中表に合わせ、前中心線の裾から開き止まりまでを縫い、縫い代をアイロンで割る。
3. 左右の前身頃と後ろ身頃を中表に合わせ、衿横と肩線、脇線を縫い、縫い代をアイロンで割る。
4. 芯を貼った左右の前見返しと後ろ見返しを中表に合わせ、衿横と肩線、前中心線の下部から縫い止まりまでを縫い、縫い代をアイロンで割る。
5. 前後身頃の衿部分と前後見返しを中表に合わせ、右前中心→衿上部→左前中心を続けて縫い、表に返して形を整え、ステッチをかけ、裾、袖口の始末をする。

No.08
作り方は P.30 へ

チュニック

男物長襦袢ながら丸紋様なので、チュニックにしたら柔らかい雰囲気になりました。生地もとろんと柔らかいので、ウエストや袖口にギャザーを寄せて、女らしいシルエットに。

和裂服

男物長襦袢から今風のチュニックを

第一章 着物の柄を生かしたデザイン

No.09
作り方はP.31へ
チュニック

夏の絽もいろいろ使える素材です。ふつう絽は横に織られているものですが、これは縦に織りがあってシャキッとした感じに。その感触を生かしシャツ衿でスッキリと着こなしました。

和裂服

第一章 着物の柄を生かしたデザイン

縦絽の夏の長襦袢で涼しげなチュニック

男物長襦袢の チュニック

No.08

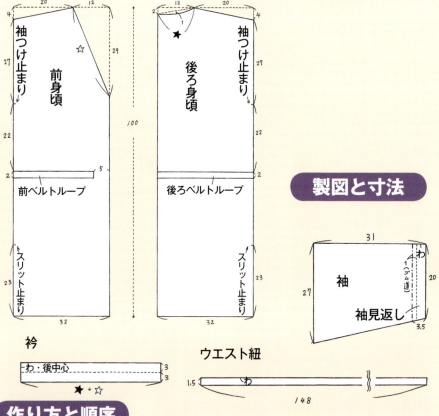

製図と寸法

作り方と順序

① 左右の後ろ身頃を中表に合わせ、中心線を縫い、縫い代をアイロンで割る。

② 後ろ身頃と左右の前身頃を中表に合わせ、肩線を縫い、縫い代をアイロンで割る。

③ 芯を貼った衿の上下の縫い代を裏側に向けて折り、全体を横半分に折り、衿の下部に身頃衿ぐりを挿み縫う。

④ 左右の前身頃を中表に合わせ、前中心線を縫い、縫い代をアイロンで割る。

⑤ 左右の前袖と左右の後ろ袖をそれぞれ中表に合わせ、袖中心線を縫い、縫い代をアイロンで割る。

⑥ 前後身頃の袖位置に左右の袖をそれぞれ中表に合わせ縫う。

⑦ 袖下、前後身頃の脇を中表に合わせ、袖下、脇線をスリット止まりまで縫う。

⑧ 左右の袖見返しを輪に縫い、左右の袖口にそれぞれ中表に合わせ縫い、表に返し、ゴム入り口を縫い残しながらゴム道ステッチをかける。

⑨ 身頃裾、スリットの始末をする。

⑩ ベルトループの縫い代を全て裏側に向けて折り、両端のみステッチをかけておく。

⑪ 前後身頃のベルトループ位置にベルトループを置き、ベルトループの上下にステッチをかける。

⑫ ウエスト紐の縫い代を全て裏側に向けて折り、全体を外表に横半分に折り、表からステッチをかける。

⑬ ベルトループにウエスト紐を通す。

第一章 着物の柄を生かしたデザイン

素材
長襦袢

材料
- 前身頃…左右各1枚
- 後ろ身頃…左右各1枚
- 袖…前後左右各1枚
- 袖見返し…左右各1枚
- 衿…1枚、芯1枚
- ベルトループ（前後左右合わせてとる）…1枚
- ウエスト紐…1枚

縫い代
製図は出来上がり寸法です。縫い代は前身頃裾、後ろ身頃裾は各4cm、他は1cmです。

No.09 縦絽長襦袢のチュニック

素材
絽

材料
- 前身頃…左右各1枚
- 後ろ身頃…左右各1枚
- 身頃横…前後左右各1枚
- 袖…左右各1枚（前後袖の印を合わせてとり、袖中心線上部の窪みを自然なラインに修正する。）
- 衿…表裏各1枚、芯1枚
- 短冊、芯…2枚（同じ方向でとる）
- ボタン…4個

縫い代
製図は出来上がり寸法です。縫い代は前身頃裾、後ろ身頃裾は各4cm、袖口は2cm、その他は1cmです。

肩からなだらかに落としたきれいなAラインで、大柄な模様を引き立てています。

ウエストでブラウジングさせてちょっとボリューム感を。伝統的な模様なので品の良さがあります。

製図と寸法

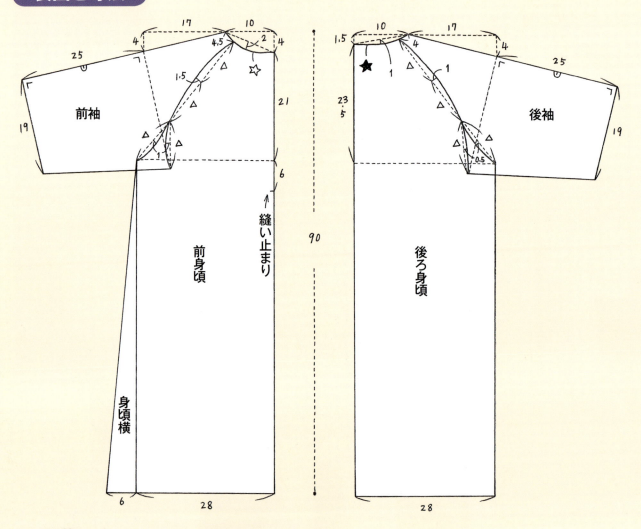

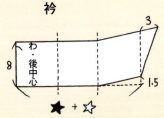

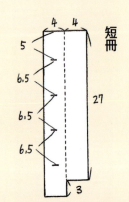

作り方と順序

1. 左右の後ろ身頃を中表に合わせ、中心線を縫い、縫い代をアイロンで割る。

2. 左右の前身頃を中表に合わせ、中心線の裾から縫い止まりまでを縫い、縫い代をアイロンで割る。

3. 前後身頃の両脇に前後身頃横をそれぞれ中表に合わせ縫い、縫い代をアイロンで割る。

4. 前後身頃の袖ぐりに左右の袖山をそれぞれ中表に合わせ縫い、縫い代をアイロンで割る。

5. 袖下と前後身頃の脇を中表に合わせ、袖下と脇線を続けて縫い、縫い代をアイロンで割る。

6. 前身頃に短冊布を縫いつける（P111ページ参照）

7. 表衿と芯を貼った裏衿を中表に合わせ、両脇と衿上部を縫い、表に返してアイロンで形を整え、衿下の縫い代を裏側に向けて折る。

8. 衿下に身頃衿ぐりを挟み縫い、衿ぐりと衿周りにステッチをかける。

9. 袖口、身頃裾の始末をする。

10. 片方の短冊にボタンホールを開け、もう片方にボタンをつける。

第二章
着物の特徴を生かしたデザイン

きもののとくちょうをいかしたデザイン

No.10
作り方はP.36へ

チュニック

昔の人は見えないところに凝るといわれていますが、たしかに羽織の裏や長襦袢に実に見事な布が使われています。これは羽裏ですが、表に着てもいいような柄と風合いです。

和裂服

羽裏は模様の宝庫
デザインを楽しむチュニック

No.12
作り方はP.102へ

ウエストギャザーのチュニック

これも羽裏です。羽裏の布はやさしくしなやかで肌触りのいいものが多いので、じかに着るととても気持よく感じます。ウエストにギャザーを寄せただけの作りやすいデザインです。

No.11
作り方はP.37へ

扇面模様のチュニック

男物の羽裏で作りました。色合いは地味ですが扇面模様が粋なので、ぱっと目立つこと受け合い。黒を合わせればシックに、白を合わせれば若々しい印象になるでしょう。

第二章 着物の特徴を生かしたデザイン

模様の宝庫 羽裏からチュニック

No.10

製図と寸法

縫い代
製図は出来上がり寸法です。縫い代は前身頃裾、後ろ身頃裾は各4cm、袖口は2cm、その他は1cmです。

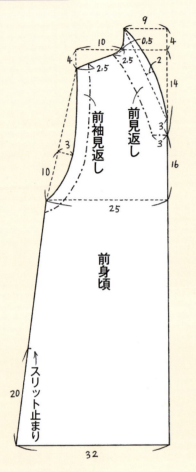
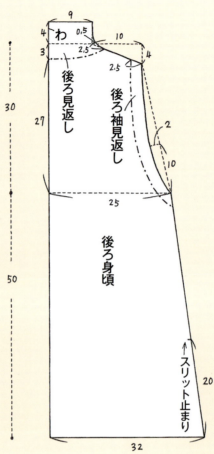

第二章 着物の特徴を生かしたデザイン

素材
羽裏

材料
- 前身頃…左右各1枚
- 後ろ身頃…左右各1枚
- 前見返し、芯…左右各1枚
- 後ろ見返し、芯…各1枚
- 前袖見返し…左右各1枚
- 後ろ袖見返し、芯…左右各1枚

作り方と順序

1. 左右の後ろ身頃を中表に合わせ、中心線を縫い、縫い代をアイロンで割る。
2. 左右の前身頃を中表に合わせ、中心線の裾から縫い止まりまでを縫い、縫い代をアイロンで割る。
3. 前身頃と後ろ身後を中表に合わせ、肩線と衿横、身頃両脇をスリット止まりまで縫い、縫い代をアイロンで割る。
4. 芯を貼った後ろ見返しと左右の前見返しを中表に合わせ、肩線と衿横、前中心線の下部から縫い止まりまでを縫い、縫い代を割る。
5. 前後身頃の衿部分と前後見返しを中表に合わせ、右前中心→衿上部→左前中心を縫い、表に返してアイロンで形を整え、ステッチをかける。
6. 芯を貼った左右の前袖見返しと後ろ袖見返しを中表に合わせ、肩線と脇線を縫い、縫い代をアイロンで割る。
7. 前後身頃の袖ぐりと前後袖見返しを中表に合わせ縫い、表に返してアイロンで形を整え、ステッチをかける。
8. 身頃裾とスリットの始末をする。

No.11 扇面模様のチュニック

素材
羽裏

材料
- 前身頃…左右各1枚
- 後ろ身頃…左右各1枚
- 衿ぐり、袖ぐりのパイピング用布…1枚

作り方と順序

1. 左右の前身頃を中表に合わせ、中心線を縫い止まりまで縫い、縫い代をアイロンで割る。
2. 左右の後ろ身頃を中表に合わせ、中心線を縫い、縫い代をアイロンで割る。
3. 前身頃と後ろ身頃を中表に合わせ、肩線と脇線を縫い、縫い代をアイロンで割る。
4. 左右の袖ぐりの上部に、それぞれギャザーを寄せる。(お好みで調整)
5. パイピング布の上下の縫い代を内側に折り、外表に横二つに折り、アイロンでしっかり癖つける。
6. 前後身頃の衿ぐり、左右袖ぐりをパイピング布で包み、ステッチをかける。
7. 前後身頃の裾とスリットを始末する。

製図と寸法

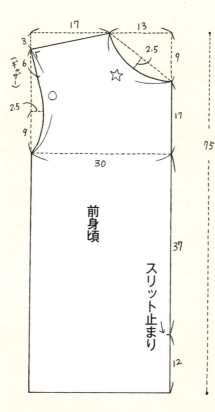
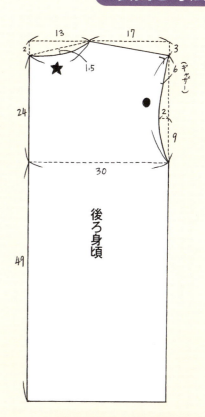

衿ぐりと袖ぐりのパイピング用布

★ + ☆ + ● + ○ + 10cm

縫い代
製図は出来上がり寸法です。縫い代は前身頃裾、後ろ身頃裾は各4cm、袖口は2cm、その他は1cmです。

裾のスリットやパフスリーブ風のかわいい袖が、無難といえるデザインにアクセントを添えています。

No.13

作り方はP.40へ

ブラウス

夏の絽の訪問着から作りました。季節を先取りしたような秋草模様が素敵ですね。モノトーンのグラデーションの地にポケットを貼ったり、肩や背縫いに濃淡を生かして、もとの着物のデザインで遊びました。

和裂服

夏絽のブラウス
モノトーンの
花模様がシック

秋草模様の絽の羽織から袖にオーガンジーを使ったチュニック

第二章 着物の特徴を生かしたデザイン

No.14
作り方はP.41へ

チュニック

黒地に白の花模様が品格を感じさせる絽です。着物の幅をそのまま生かして袖は自然に肩を覆うフレンチスリーブですが、そのままではもの足りないのでオーガンジーを足してアクセントにしました。

和製服

花模様の絽のブラウス　No.13

製図と寸法

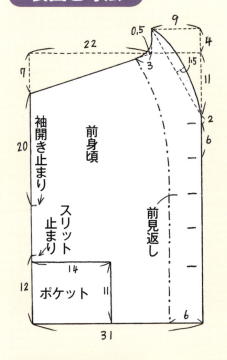
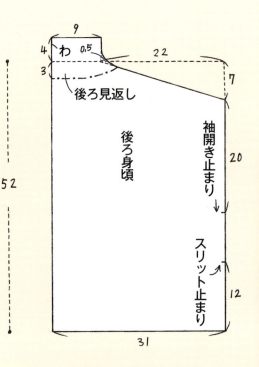

作り方と順序

1. 左右の後ろ身頃を中表に合わせ、中心線を縫い、縫い代をアイロンで割る。
2. 左右の前身頃と後ろ身後を中表に合わせ、左右の肩線と衿横を縫い、縫い代をアイロンで割る。
3. 芯を貼った後ろ見返しと左右の前見返しを中表に合わせ、肩線と衿横を縫い、縫い代をアイロンで割る。
4. 前後身頃の衿部分と前後見返しを中表に合わせ、右前中心→衿上部→左前中心を縫い、表に返して形を整え、ステッチをかける。
5. 前後身頃を中表に合わせ、左右の脇線を袖開き止まりからスリット止まりまで縫い、縫い代をアイロンで割る。
6. 左右の前身頃にポケットをつける。
7. 身頃裾、スリット、袖口の始末をする。

素材
絽

材料
- 前身頃…左右各1枚
- 後ろ身頃…左右各1枚
- 前見返し、芯…左右各1枚
- 後ろ見返し、芯…各1枚
- ポケット…左右各1枚

縫い代
製図は出来上がり寸法です。縫い代は前身頃裾、後ろ身頃裾は各4cm、袖口は2cm、その他は1cmです。

背中の真ん中で布を接ぎ合わせて墨の濃淡が左右に分かれているのが面白い効果を表しています。

No.14 秋草模様羽織のチュニック

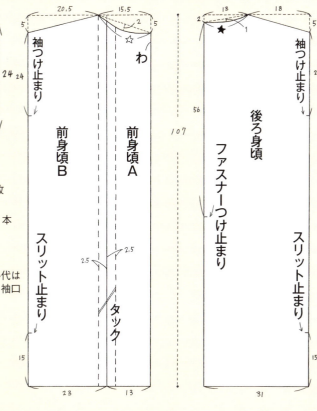

素材
絽

材料
- 前身頃A…1枚
- 前身頃B…左右各1枚
- 後ろ身頃…左右各1枚
- 袖（オーガンジー）…左右各1枚
- 衿…表裏各1枚、芯1枚
- コンシールファスナー…56cm 1本
- カギホック…1組

縫い代
製図は出来上がり寸法です。縫い代は前身頃裾、後ろ身頃裾は各4cm、袖口は2cm、その他は1cmです。

作り方と順序

1. 前身頃Aの両端に左右の前身頃Bをそれぞれ中表に合わせ縫い、縫い代をアイロンで割る。
2. 左右の前身頃に表からタックをとり、それぞれ袖側に向けて倒し、タック根元にステッチをかける。
3. 左右の後ろ身頃を中表に合わせ、中心線を裾からファスナー開き止まりまで縫い、縫い代をアイロンで割る。
4. 後ろ身頃中心線の開き部分にコンシールファスナーをつける。
5. 前身頃と後ろ身後を中表に合わせ、肩線を縫い、縫い代をアイロンで割る。
6. 表衿と芯を貼った裏衿を中表に合わせ、両脇と衿上部を縫い、縫い代をアイロンで割り、下部の縫い代を裏側に向けて折り、表に返して形を整える。
7. 衿の下部に前後身頃の衿ぐりを挟み縫う。
8. 前後身頃の袖位置に、外表に縦半分に折った左右の袖をそれぞれ中表に合わせ縫う。
9. 袖下と前後身頃の脇を中表に合わせ、袖下脇線をスリット止まりまで縫い、縫い代をアイロンで割る。
10. 身頃裾とスリットの始末をする。

肩からストレートに落ちたラインが背を高くスッキリと見せます。誰にでも似合う形。

No.15
作り方は P.46 へ

前打ち合わせ ワンピース1（兵児帯で）

兵児帯ってタンスのこやしになってませんか？しかし使い方によってこんなにエキゾチックで素敵なドレスに。トップの絞りが豪華だから、パーティーにだって着て行けそうですね。

和裂服

同じデザインを素材を変えて作ったワンピース

第二章　着物の特徴を生かしたデザイン

№16
作り方はP.46へ

前打ち合わせ
ワンピース2
（銘仙で）

右ページ兵児帯のドレスと同じデザイン。兵児帯ドレスでは後ろで結んでいるリボンを前で結んでみました。部屋着としてガウンのように着るのもいいかも。外国人が喜びそうですね。

和製服

ウエスト部分に紫が使われているので、リボンは後ろに回して結び、紫を強調するのもいいですね。

第二章　着物の特徴を生かしたデザイン

前打ち合わせ
ワンピース3
（縮緬で）

兵児帯ドレスのバリエーション。全体を茶の無地にして、右前身頃だけ柄物の縮緬をあしらいました。色気は地味ですが、縮緬の模様が大きくてはっきりしているので、外出着に好適。

和裁り服

兜の模様。男物長襦袢だったのだろうか。昔の長襦袢には本当におもしろいデザインが多い。

第二章 着物の特徴を生かしたデザイン

第二章 着物の特徴を生かしたデザイン

銘仙ワンピースの後ろ姿。紫の帯状の部分が続くように布をとるようにしましょう。

兵児帯ワンピースの後ろ姿。前でうち合わせリボンを後ろに結んできりっとした表情に。

それぞれの表情を見せる後ろ姿

前打ち合わせ ワンピース

着物の柄は多彩なので、洋服の形は同じでも布の違いで全く趣の変わったものになります。NO15〜17の3点はそんな試みで作ったもの。ひとつの型紙でいくつも作れるので試してみて。

兵児帯ワンピースの前をかぎホックで留めただけの形、後ろ姿。ギャザーがきれいに流れています。

前打ち合わせの ワンピース3種

No.15〜17

作り方と順序

① 左右の後ろ身頃を中表に合わせ、中心線を縫い、縫い代をアイロンで割る。

② 左右の前身頃と後ろ身後を中表に合わせ、左右の肩線と脇線を縫い、縫い代をアイロンで割る。

③ 左右の袖裾の始末をし、前後身頃の袖ぐりと左右の袖山をそれぞれ中表に合わせ縫う。

④ 芯を貼った左右の前袖見返しと左右の後ろ袖見返しをそれぞれ中表に合わせ、肩線と脇線を縫い、縫い代をアイロンで割る。

⑤ 前後身頃の袖ぐりと前後袖見返しを中表に合わせ縫い、表に返して形を整え、ステッチをかける。

⑥ スカート6枚を全て縫い合わせ、縫い代をアイロンで割り、裾、両端の縫い代の始末をする。

⑦ スカートの上部にギャザーを寄せ、前後身頃の下部と同じ長さに揃えて中表に合わせ縫い、縫い代を身頃側に倒し、表からステッチをかける。

⑧ 表衿と芯を貼った裏衿を中表に合わせ、衿上部を縫い、縫い代をアイロンで割る。

⑨ 衿の縫い代を全て裏側に向けて折り、全体を外表に横2つに折り、アイロンで形を整える。

⑩ 衿の下部に前後身頃の衿ぐりを挟み縫う。

⑪ 腰紐の縫い代を全て裏側に向けて折り、全体を外表に横2つに折り、アイロンで形を整え、ステッチをかける。

⑫ 左右の前身頃中心の下部にそれぞれ腰紐を縫いつけ、身頃脇線の下部にボタンホールを開ける。

ワンピースの前を打ち合わせずにウエスト中央でかぎホックで留めて着ることもできます。

素材

兵児帯(No15)　銘仙(No16)
縮緬(No17)

材料

- 前身頃…左右各1枚
- 後ろ身頃…左右各1枚
- 前袖見返し、芯…左右各1枚
- 後ろ袖見返し、芯…各1枚
- 袖…左右各1枚
- 衿…表裏各1枚、芯1枚
- スカート…6枚
- 腰紐…2枚

縫い代

製図は出来上がり寸法です。縫い代はスカート裾4cm、袖口2cm、他は1cmです。

第二章　着物の特徴を生かしたデザイン

製図と寸法

第二章 着物の特徴を生かしたデザイン

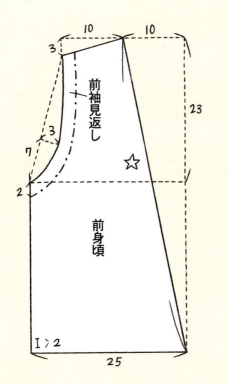

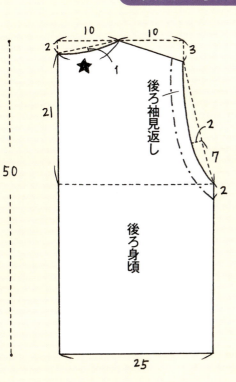

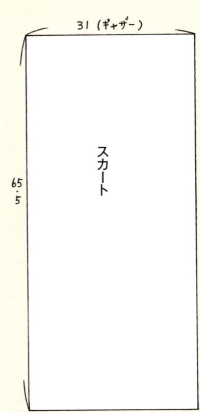

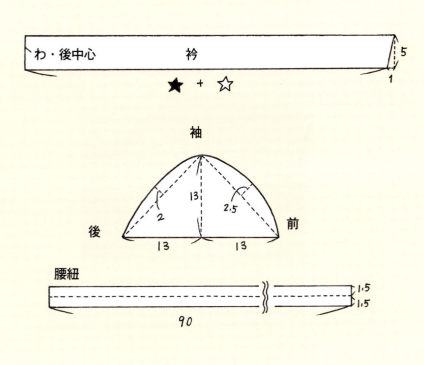

緑と黒の縦縞
ピンタックつきワンピース

No.18
作り方はP.50へ

ワンピース

なんでもないデザインのワンピースですが、黒を基調とした強い主張を持つストライプ柄で個性的な一品に仕上がりました。胸元にとったピンタックでグリーンを強調しています。P56のNO21と同じデザイン。

No.19
作り方は P.52 へ

ワンピース

これもデザインは平凡です。しかし渋い紬のボディにカラフルな色使いの子どもの着物を添えて、楽しさを演出しました。添える布はほんの小さな端切れでいいのが嬉しいところ。

和製服

カラフルな子どもの着物でアクセントをつけたワンピース

ピンタックつき縦縞ワンピース

No.18,21

製図と寸法

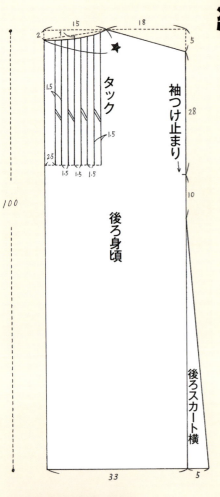

縞のグリーン部分を見せたピンタックに前立てに短冊をつけて赤いボタンを載せました。

第二章 着物の特徴を生かしたデザイン

縫い代

製図は出来上がり寸法です。縫い代は前身頃裾、後ろ身頃裾は各4cm、袖口は2cm、その他は1cmです。

素材
銘仙

材料
- 前身頃…左右各1枚
- 後ろ身頃…左右各1枚
- 前スカート横…左右各1枚
- 後ろスカート横…左右各1枚
- 袖…前後左右各1枚
- 短冊、芯…2枚（同じ方向でとる）
- 衿…表裏各1枚、芯1枚
- ボタン…5個

作り方と順序

1. 左右の前後身頃に表からピンタックをとり、袖側に向けて倒す。
2. 左右の前後身頃と前後スカート横をそれぞれ中表に合わせ縫い、縫い代をアイロンで割る。
3. 左右の後ろ身頃を中表に合わせ、中心線を縫い、縫い代をアイロンで割る。
4. 左右の前身頃を中表に合わせ、中心線の裾から縫い止まりまで縫い、縫い代をアイロンで割る。
5. 後ろ身頃と前身頃を中表に合わせ、肩線を縫い、縫い代をアイロンで割る。
6. 短冊を作り（P111ページ参照）、前身頃につける。
7. 前衿と芯を貼った裏衿を中表に合わせ、衿上部を縫い、下部の縫い代を裏側に向けて折り、表に返してアイロンで形を整える。

※前後身頃のピンタックを縫ってから、衿ぐりと肩線を切る（P107参照）

8. 衿の下部に前後身頃の衿ぐりを挟み縫う。
9. 左右の前袖と左右の後ろ袖をそれぞれ中表に合わせ縫い、縫い代をアイロンで割る。
10. 前後身頃の袖位置に左右の袖をそれぞれ中表に合わせ縫う。
11. 袖下、前後身頃の脇をそれぞれ中表に合わせ、袖下と脇線を縫い、縫い代をアイロンで割る。
12. ポットを作り、左右の前身頃にそれぞれ縫い付ける。
13. 前後身頃の裾、袖口の始末をし、片方の短冊にボタンホールを開け、もう片方の短冊にボタンをつける。

スカートの裾を拡げるために、脇に三角の布を挟んで「割り」を入れています。

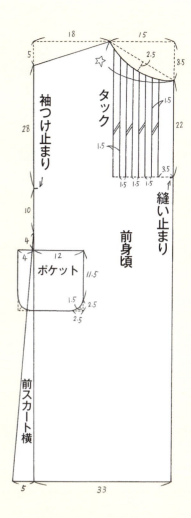

短冊

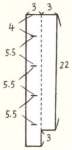

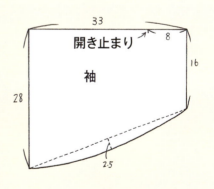

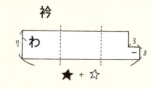

後ろ身頃にもピンタックをとっていますので、ウエストからの流れがプリンセスラインに。

第二章 着物の特徴を生かしたデザイン

子供の着物でアクセントをつけたワンピース

No.19

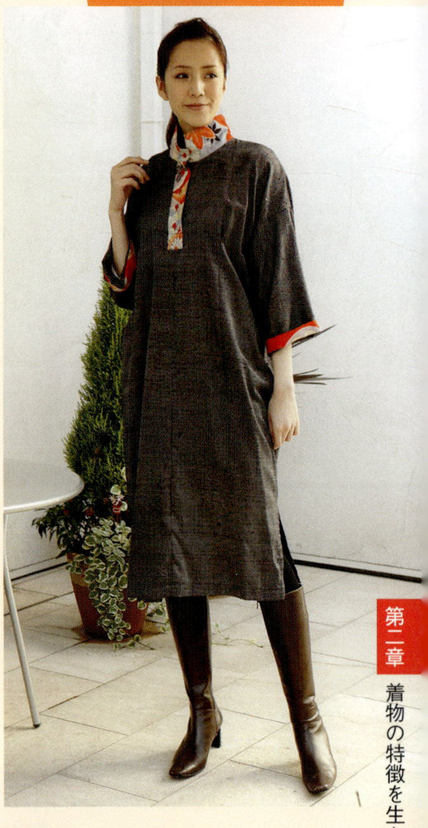

製図と寸法

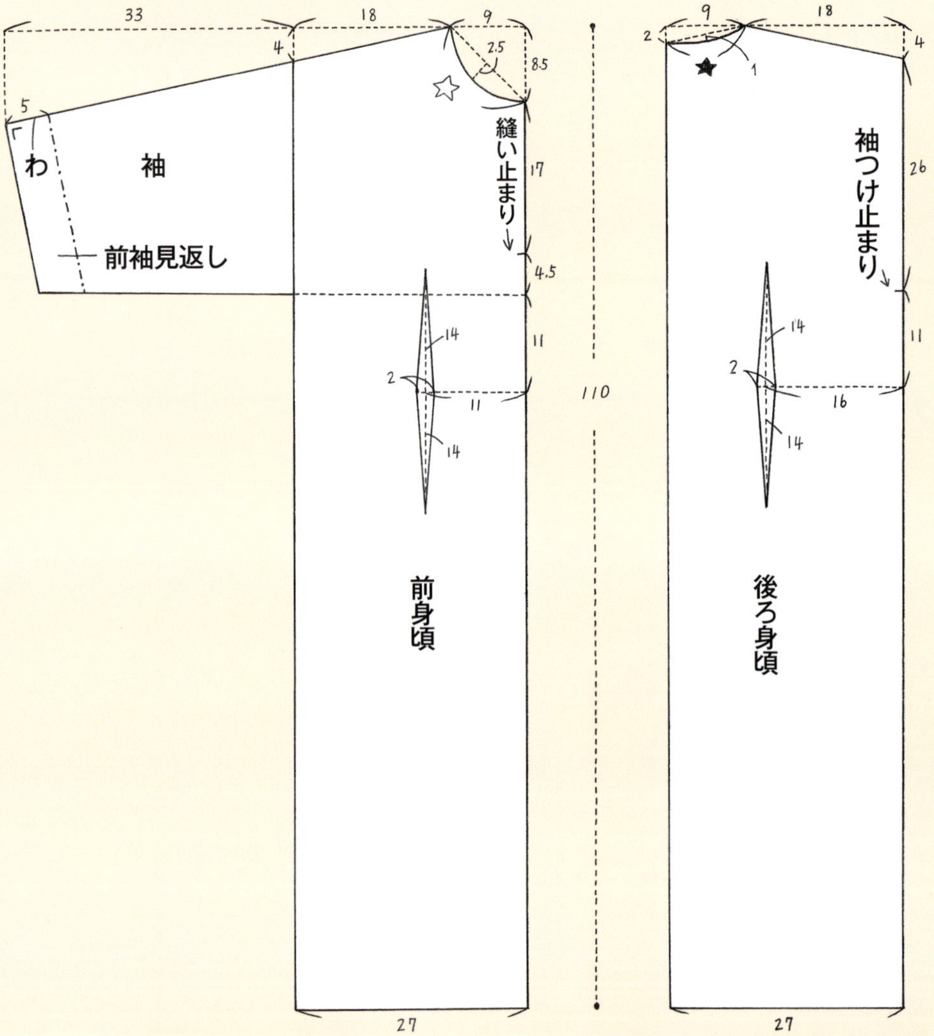

短冊

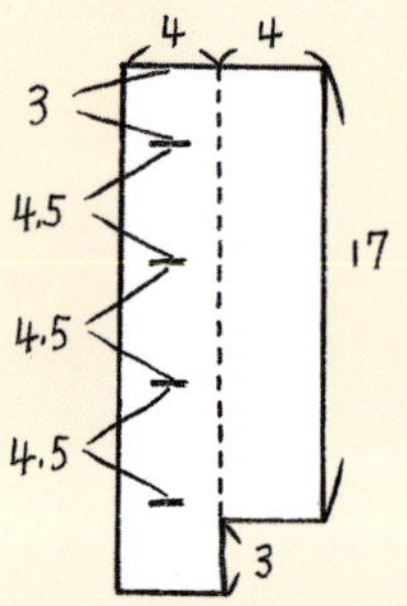

衿

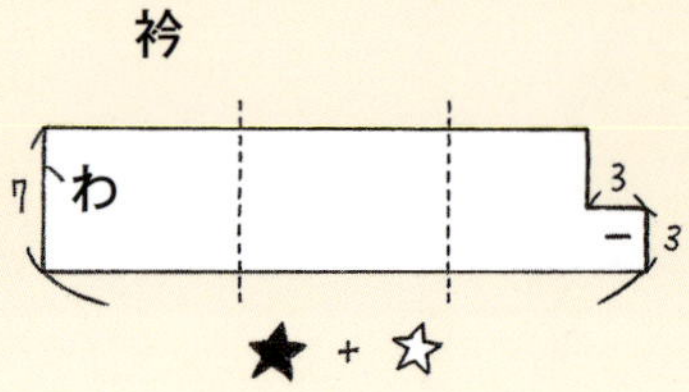

素材

紬
子どもの着物

材料

- 前身頃…左右各１枚
- 後ろ身頃…左右各１枚
- 袖…前後左右各１枚
- 袖見返し、芯…左右各１枚
- 短冊、芯…２枚（同じ方向でとる）
- 衿…表裏各１枚、芯１枚
- ボタン…５個

縫い代

製図は出来上がり寸法です。縫い代は前身頃裾、後ろ身頃裾は各４㎝、袖口は２㎝、その他は１㎝です。

作り方と順序

① 前後身頃にダーツをとり、袖側に向けて倒す。

② 左右の後ろ身頃を中表に合わせ、中心線を縫い、縫い代をアイロンで割る。

③ 左右の前身頃を中表に合わせ、中心線の裾から縫い止まりまで縫い、縫い代をアイロンで割る。

④ 後ろ身頃と前身頃を中表に合わせ、肩線を縫い、縫い代をアイロンで割る。

⑤ 短冊を作り（P111参照）、前身頃につける。

⑥ 前衿と芯を貼った裏衿を中表に合わせ、衿上部を縫い、下部の縫い代を裏側に向けて折り、表に返してアイロンで形を整える。

ほんの少しの分量で華やかさを演出できるのが着物リフォームのよさ。小さな端切れも大切に。

⑦ 衿の下部に前後身頃の衿ぐりを挟み縫う。

⑧ 左右の前袖と左右の後ろ袖をそれぞれ中表に合わせ、中心線を縫い、縫い代をアイロンで割る。

⑨ 前後身頃の袖位置に左右の袖をそれぞれ中表に合わせ縫う。

⑩ 袖下、前後身頃の脇を中表に合わせ、袖下と脇線を縫い、縫い代をアイロンで割る。

⑪ 芯を貼った左右の袖見返しを中表に輪に縫い、縫い代をアイロンで割る。

⑫ 左右の袖口と左右の袖見返しをそれぞれ中表に合わせ縫い、表に返し、見返し布が表袖口から5㎜程出るようにアイロンで形を整え、ステッチをかける。

⑬ 前後身頃の裾の始末をし、片方の短冊にボタンホールを開け、もう片方の短冊にボタンをつける。

ワンピースの後ろ姿。コートとしても着られる形なので、スリーシーズンに活用できます。

茶と白の対比が大胆な絞りで「魅せられて」ドレス

No.20
作り方は P.55 へ

ワンピース

なんとも豪華な絞りの着物でした。身頃に大きく描かれた羊歯の葉、そのデザインの斬新さに驚かされます。昔「魅せられて」という歌を歌った歌手のように袖にたっぷり振りをとって。

和製服

No.20 絞りの「魅せられて」ドレス

製図と寸法

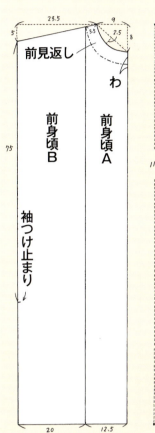
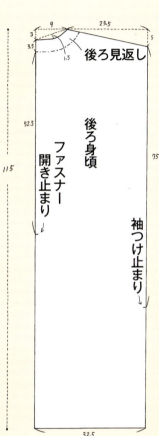

作り方と順序

1. 左右の前身頃AとBをそれぞれ中表に合わせ、片端を縫い、縫い代をアイロンで割る。
2. 左右の後ろ身頃を中表に合わせ、中心線の裾からファスナー止まりまで縫い、縫い代をアイロンで割る。
3. 後ろ身頃と前身頃を中表に合わせ、肩線を縫い、縫い代をアイロンで割る。
4. 後ろ身頃中心の開き部分にコンシールファスナーをつける。
5. 芯を貼った前見返しと後ろ見返しを中表に合わせ、肩線を縫い、縫い代をアイロンで割る。
6. 前後身頃の衿ぐりと前後身頃の見返しを中表に合わせ縫い、表に返して形を整え、表からステッチをかける。
7. 左右の前袖と左右の後ろ袖をそれぞれ中表に合わせ、中心線を縫い、縫い代をアイロンで割る。
8. 前後身頃の袖位置に左右の袖をそれぞれ中表に合わせ縫う。
9. 袖下、前後身頃の脇を中表に合わせ袖下と脇線を縫い、縫い代をアイロンで割る。
10. 芯を貼った左右のカフスをそれぞれ中表に輪に縫い、上下の縫い代を裏側に向けて折り、全体を表に返し、外表に2つに折る。
11. 左右のカフスの下部に左右の袖口をそれぞれ挟み、ステッチをかける。
12. 前後身頃の裾の始末をし、後ろ身頃ファスナー上部にカギホックをつける。

素材
絞り

材料
- 前身頃A…左右各1枚
- 前身頃B…左右各1枚
- 後ろ身頃…左右各1枚
- 前見返し、芯…1枚
- 後ろ見返し、芯…左右各1枚
- 袖…前後左右各1枚
- カフス、芯…左右各1枚
- コンシールファスナー…56cm 1本
- カギホック…1組

ピンタックつきワンピースを藍の紬で

袖のスリットは肩開きの部分を利用しています。着物の細部を利用して工夫するのも楽しいもの。

このデザインも布を変えることでいろんなバリエーションを楽しめます。

P48では衿を折って着ましたが、ここでは立ててスタンドカラーに。もちろん折って着てもいいです。

No.21
作り方はP.50へ

ワンピース

P48のNO18と同じデザインです。布が違うと全然違う印象になるといういい例ですね。藍の紬でどんな場所にも着ていける一着。胸元のピンタックとボタンを赤にして可愛いさを。

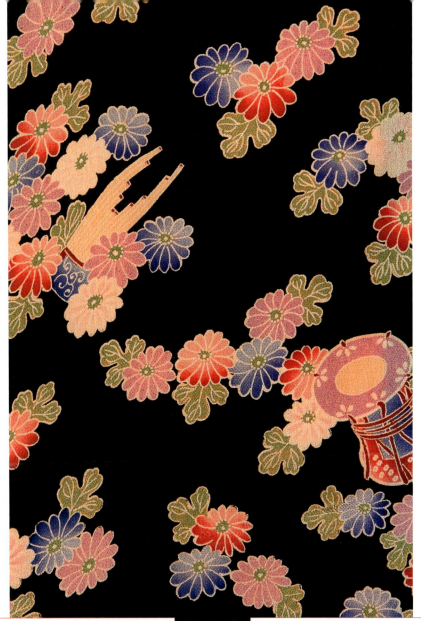

第三章
いなせな半纏と留袖変化

いなせなはんてんととめそでへんげ

半纏から作ったトッパー風マオカラーのジャケット

第三章　いなせな半纏と留袖変化

No.22 ジャケット
作り方はP.60へ

半纏は庶民の中から生まれたすぐれたデザインです。藍の色も素晴らしいのでリフォームしがいのある素材です。印半纏の背中についていた「印文字」を前にもってきました。

和裂服

No.23

作り方はP.62へ

オーバーオール

交通マークが入っているのが珍しい。交通のイベントで使われたものでしょうか。オーバーオールにしたところがまた斬新。遊び心いっぱいで着るひとの気持を元気にしてくれます。

和製服

第三章 いなせな半纏と留袖変化

交通マークが目を惹く半纏のオーバーオール

トッパー風 マオカラーのジャケット

No.22

作り方と順序

1. 左右の前身頃と左右の前身頃横をそれぞれ中表に合わせ、片端を縫い、縫い代をアイロンで割る。後ろ身頃と後ろ身頃横も同様に仕上げる。

2. 左右の後ろ身頃を中表に合わせ、中心線を縫い、縫い代をアイロンで割る。

3. 左右の袖山に左右の前後身頃の袖ぐりをそれぞれ中表に合わせ縫い、縫い代を身頃に向けて倒す。

4. 表衿と芯を貼った裏衿を中表に合わせ、衿上部を縫い、表に返してアイロンで形を整え、表からステッチをかけ、衿の下部を前後身頃の衿ぐりにしつけで留めておく。

5. 芯を貼った左右の前見返しと後ろ見返しを中表に合わせ、肩線を縫い、縫い代をアイロンで割る。

6. 前後身頃の衿ぐりと前後見返しの衿ぐりを中表に合わせ、右前中心→衿ぐり→左前中心を続けて縫い、前後見返しを表に返し、アイロンで形を整え、表からステッチをかける。

7. 袖下、前後身頃の脇を中表に合わせ、袖下と脇線を続けて縫い、縫い代をアイロンで割る。

8. ポケットをつくり、左右の前身頃にそれぞれつける。

9. 前後身頃の裾、袖口の始末をする。

10. 前身頃にボタンホールを開け、もう片方の前身頃にボタンをつける。

今流行のハーフパンツとアーガイル柄のストッキング、編み上げブーツと組み合わせて。

ビーズ刺しゅうを施した布のバッグはレトロな感じで、着物リフォームにぴったり。

素材
半纏

材料
- 前身頃…左右各1枚
- 後ろ身頃…左右各1枚
- 横前身頃横…左右各1枚
- 後ろ身頃横…左右各1枚
- 前見返し、芯…左右各1枚
- 後ろ見返し、芯…1枚
- 袖(前後のパターンの印を合わせてとり、袖山の窪みを自然なラインに修正する)…左右各1枚
- ポケット…左右各1枚
- ボタン…5個

縫い代
製図は出来上がり寸法です。縫い代は前身頃裾、後ろ身頃裾は各4cm、袖口は2cm、その他は1cmです。

製図と寸法

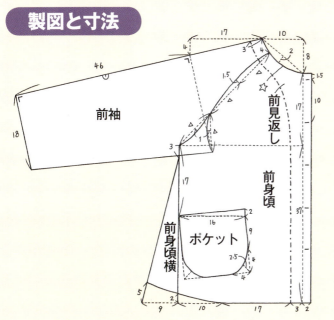
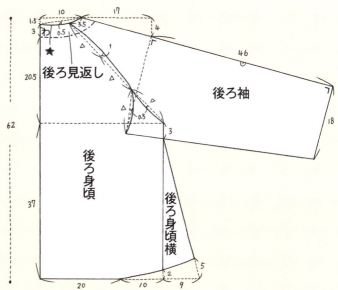
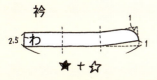

脇にマチをとって裾広がりにしているので、インナーにセーターなどを着ても着ぶくれしません。

石垣模様を思わせるアブストラクトなテキスタイルデザインが、若々しい印象を与えます。

交通マークのオーバーオール

製図と寸法

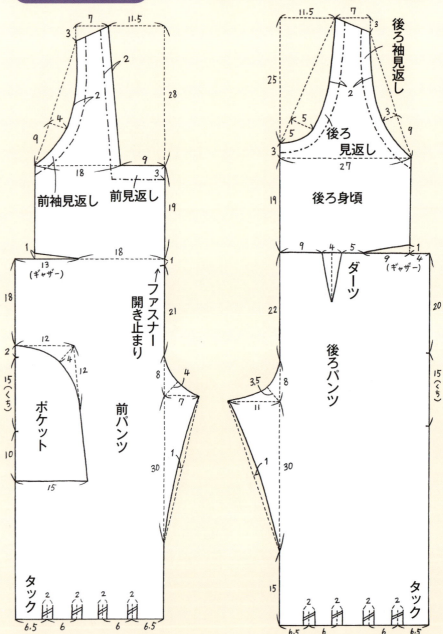

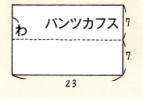

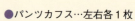

- パンツカフス…左右各1枚
- ポケット…前後左右各1枚
- コンシールファスナー…21cm 1本

No.23

素材
半纏

材料
- 前パンツ…左右各1枚
- 後ろ身頃…左右各1枚
- 後ろパンツ…左右各1枚
- 前見返し・芯…左右各1枚
- 後ろ見返し・芯…左右各1枚
- 前袖見返し・芯…左右各1枚
- 前袖見返し・芯…左右各1枚

縫い代
製図は出来上がり寸法です。縫い代はパンツの裾4cm、その他は各1cmです。

警察交通局のマーク入りの珍しい半纏です。ホントはいかめしいマークもお茶目な印象に。

カジュアルな装いにこんなバッグはいかが。籠に紙を貼り、柿渋を塗って仕上げたもの。

作り方と順序

① 左右の前パンツのウエスト部分にギャザーを寄せ、横ダーツをとり、縫い代を下に向けて倒し、横ダーツ部分のみ表からステッチをかける。

② 左右の後ろパンツに縦ダーツを取り、縫い代を脇に向けて倒す。

③ 左右の後ろパンツ上部にギャザーを寄せ左右の後ろ身頃下部とそれぞれ中表に合わせ縫い、縫い代を上に向けて倒し、表からステッチをかける。

④ 右前パンツと右後ろパンツを中表に合わせ、ポケットくちを避けて脇線を縫い、縫い代をアイロンで割る。左前パンツと左後ろパンツも同様に仕上げる。

⑤ 前パンツのポケットくちの縫い代と前ポケットくちの縫い代を中表に合わせ、本線より5㎜程控えて縫う。この時、前パンツを一緒に縫いこまないよう注意する。

⑥ ⑤の前ポケットを前パンツ側に倒し、アイロンでしっかり押え、前パンツ表側からポケットくちにステッチをかける。

⑦ 後ろパンツのポケットくちの縫い代と後ポケットの縫い代を⑤・⑥の要領で仕上げる。

⑧ 左右の前ポケットと左右の後ろポケットをそれぞれ中表に合わせ、ポケット外周を縫う。

⑨ 右前後パンツを中表に合わせ、股下を縫い、縫い代をアイロンで割る。左前後パンツも同様に仕上げる。

⑩ 左パンツのみを表に返し、右パンツの中に中表に合わせ重ね入れ、後ろ中心線から前中心線のファスナー止まりまでを縫い、縫い代をアイロンで割る。

⑪ 左右の前パンツの肩紐と左右の後ろパンツの肩紐をそれぞれ中表に合わせ肩線を縫い、縫い代をアイロンで割る。

⑫ 芯を貼った左右の前身返しを中表に合わせ、中心線を縫い、縫い代をアイロンで割る。左右の後ろ見返しも同様に仕上げる。

⑬ 前後見返しを中表に合わせ、肩線を縫い、縫い代をアイロンで割る。

⑭ 芯を貼った左右の前袖身返しと後ろ袖見返しをそれぞれ中表に合わせ、肩線と脇線を縫い、縫い代をアイロンで割る。

⑮ 前後パンツの衿ぐりに前後見返しを、袖ぐりに前後袖見返しをそれぞれ中表に合わせ縫い、表に返してアイロンで形を整え、表からステッチをかける。

⑯ 左右の前後パンツ裾にタックをとり、しつけで止めておく。

⑰ 左右のパンツカフスをそれぞれ中表に輪に縫い、縫い代をアイロンで割り、上下の縫い代を裏側に向けて折り、全体を表に返し、外表に横半分に折る。

⑱ パンツカフス下部に左右のパンツの裾をそれぞれ挟み縫う。

半纏素材のバリエーション

第三章 いなせな半纏と留袖変化

前から見ると特に特徴のないデザインなので、いろんな場面に着られそう。重宝する一着。

ステッチと涙型をしたボタンがアクセント。背中の折り鶴のマークで1点ものの個性をアピール。

No.24
作り方はP.67へ

背中に丸い鶴のマーク

裾に向けてフレアーの入ったトッパー風のゆったりとしたジャケット。今風に短い丈なのでスカートでもパンツでもどちらにも合います。

和裂服

着物の模様を工夫して、このようにちょっとずらすだけで、驚くほどモダンなデザインに生まれ変わります。

第三章 いなせな半纏と留袖変化

全体的にはごくふつうのジャケット。ジージャン感覚でカジュアルに着こなしましょう。

No.25 作り方はP.68へ
背中によろけ円

丸い輪に3本線が引いてある印紋様を二つに分けて使い、よろけ紋様に。動きのあるデザインとなり、背中に表情が生まれました。

和裂服

赤いファスナーがアクセントに。背中の「神明通り」のマークと連動しています。

No.26
作り方は P.69 へ

「神明」をまとう

「神明」とは命と身体を表す言葉、天照大神のことでもあります。その「神明」の文字が強烈。裾の輪つなぎ模様も効果的。

和製服

半纏の衿についていた「神明通り」というマークを切りとって赤い生地で囲み、背中に貼りました。

第三章　いなせな半纏と留袖変化

背中に丸い鶴のマーク

No.24

製図と寸法

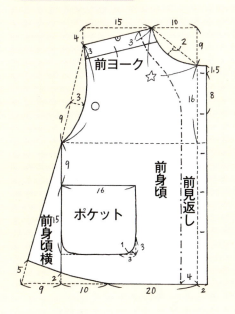
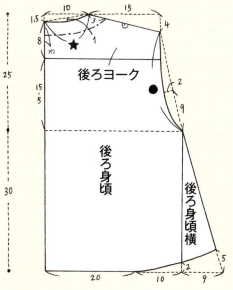
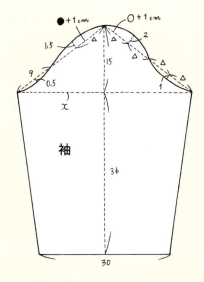
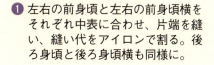

縫い代
製図は出来上がり寸法です。縫い代は前身頃裾、後ろ身頃裾は各4cm、袖口は2cm、その他は1cmです。

作り方と順序

1. 左右の前身頃と左右の前身頃横をそれぞれ中表に合わせ、片端を縫い、縫い代をアイロンで割る。後ろ身頃と後ろ身頃横も同様に。

2. 左右の後ろ身頃を中表に合わせ、中心線を縫い、縫い代をアイロンで割る。

3. 後ろ身頃上部と後ろヨークの下部を、左右の前身頃上部と左右の前ヨーク下部を、それぞれ中表に合わせ縫い、縫い代を上に向けて倒し、表からステッチをかける。

4. 表衿と芯を貼った裏衿を中表に合わせ、衿上部を縫い、表に返してアイロンで形を整え、表からステッチをかけ、衿の下部を前後身頃の衿ぐりにしつけで留めておく。

5. 芯を貼った左右の前見返しと後ろ見返しを中表に合わせ、肩線を縫い、縫い代をアイロンで割る。

6. 前後身頃の衿ぐりと前後見返しの衿ぐりを中表に合わせ、右前中心→衿ぐり→左前中心を縫い、表に返しアイロンで形を整え、ステッチをかける。

7. 左右の袖山に左右の前後身頃の袖ぐりをそれぞれ中表に合わせ縫い、縫い代を身頃に向けて倒す。

8. 袖下と前後身頃の脇を中表に合わせ、袖下と脇線を続けて縫い、縫い代をアイロンで割る。

9. ポケットをつくり、左右の前身頃にそれぞれつける。

10. 前後身頃の裾、袖口の始末をする。

11. 前身頃にボタンホールを開け、ボタンをつける。

素材
半纏

材料
- 前身頃…左右各1枚
- 後ろ身頃…左右各1枚
- 横前身頃横…左右各1枚
- 後ろ身頃横…左右各1枚
- ヨーク（左右の前ヨークと後ろヨークの肩の印を合わせてとる）…1枚
- 前見返し、芯…左右各1枚
- 後ろ見返し、芯…1枚
- 袖…左右各1枚
- 衿…表裏各1枚、芯1枚
- ポケット…左右各1枚
- ボタン…5個

背中によろけ円

No.25

製図と寸法

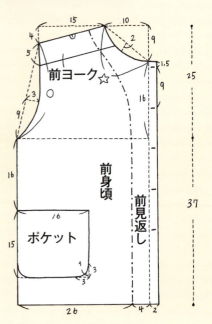

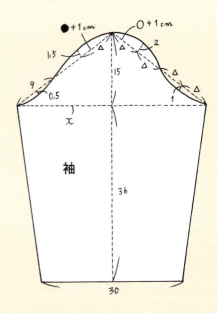

作り方と順序

1. 左右の後ろ身頃を中表に合わせ、中心線を縫い、縫い代をアイロンで割る。
2. 後ろ身頃上部と後ろヨークの下部を、左右の前身頃上部と左右の前ヨーク下部を、それぞれ中表に合わせ縫い、縫い代を上に向けて倒し、表からステッチをかける。
3. 表衿と芯を貼った裏衿を中表に合わせ、衿上部を縫い、表に返してアイロンで形を整え、表からステッチをかけ、衿の下部を前後身頃の衿ぐりにしつけで留めておく。
4. 芯を貼った左右の前見返しと後ろ見返しを中表に合わせ、肩線を縫い、縫い代をアイロンで割る。
5. 前後身頃の衿ぐりと前後見返しの衿ぐりを中表に合わせ、右前中心→衿ぐり→左前中心を縫い、表に返しアイロンで形を整え、ステッチをかける。
6. 左右の袖山に左右の前後身頃の袖ぐりをそれぞれ中表に合わせ縫い、縫い代を身頃に向けて倒す。
7. 袖下と前後身頃の脇を中表に合わせ、袖下と脇線を続けて縫い、縫い代をアイロンで割る。
8. ポケットをつくり、左右の前身頃にそれぞれつける。
9. 前後身頃の裾、袖口の始末をする。
10. 前身頃にボタンホールを開け、ボタンをつける。

素材
半纏

材料
- 前身頃…左右各1枚
- 後ろ身頃…左右各1枚
- 前見返し、芯…左右各1枚
- 後ろ見返し、芯…1枚
- ヨーク（左右の前ヨークと後ろヨークの肩の印を合わせてとる）…1枚
- 袖…左右各1枚
- 衿…表裏各1枚、芯1枚
- ポケット…左右各1枚
- ボタン…5個

縫い代
製図は出来上がり寸法です。縫い代は前身頃裾、後ろ身頃裾は各4cm、袖口は2cm、その他は1cmです。

「神明」をまとう

No.26

製図と寸法

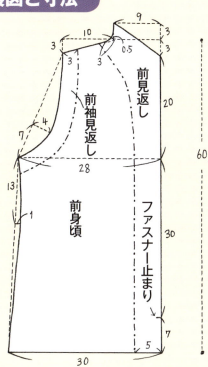
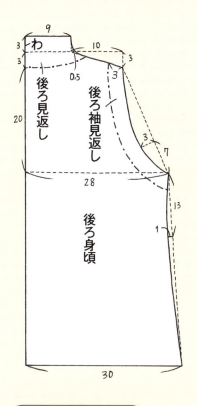
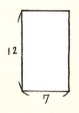

背中のワッペン

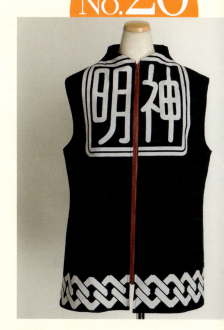

素材
半纏

材料
- 前身頃…左右各1枚
- 後ろ身頃…左右各1枚
- 前見返し、芯…左右各1枚
- 後ろ見返し、芯…1枚
- 前袖見返し、芯…左右各1枚
- 後ろ袖見返し、芯…左右各1枚
- 背中のワッペン…1枚
- オープンファスナー…50cm 1本

縫い代
製図は出来上がり寸法です。縫い代は前身頃裾、後ろ身頃裾は各4cm、袖口は2cm、その他は1cmです。

作り方と順序

1. 左右の後ろ身頃を中表に合わせ、中心線を縫い、縫い代をアイロンで割る。

2. 後ろ身頃と左右の前身頃を中表に合わせ、衿横と肩線、脇線を縫い、縫い代をアイロンで割る。

3. 左右の前身頃の中心線にオープンファスナーをしつけておく。

4. 芯を貼った左右の前見返しと後ろ見返しを中表に合わせ、衿横と肩線を縫い、縫い代をアイロンで割る。

5. 前後身頃と前後見返しを中表に合わせ、右前中心→衿上→左前中心を続けて縫い、表に返してアイロンで形を整え、ステッチをかける。

6. 芯を貼った左右の前袖見返しと後ろ袖見返しをそれぞれ中表に合わせ、肩線と脇線を縫い、縫い代をアイロンで割る。

7. 前後身頃の左右の袖ぐりに、左右の袖見返しをそれぞれ中表に合わせ縫い、表に返してアイロンで形を整え、ステッチをかける。

8. 前後身頃の裾、袖口の始末をする。

9. 背中のワッペンを、バランスを見ながら後ろ身頃に縫いつける。

身頃いっぱいに描かれた古典模様のフードつきコート

第三章 いなせな半纏と留袖変化

No.27
作り方は P.72 へ

**フードつき
コート**

留袖はふつう模様は腰から下ですが、一時京都島原の遊郭あたりで衿までかかるものが流行し島原模様と呼ばれたそうです。これはその島原模様の留袖をリフォームしました。

和裂服

No.28
作り方はP.74へ

アンサンブル

留袖は着物リフォームのなかでも一番人気。一生のなかで数えるほどしか着ないけど、捨てるに捨てられない。というわけでこんなに素敵なドレスに変身。結婚式にもいいですね。

和裂服

華やかなシーンに映える格調高い留袖アンサンブル

第三章　いなせな半纏と留袖変化

古典模様のフードつきコート

No.27

製図と寸法

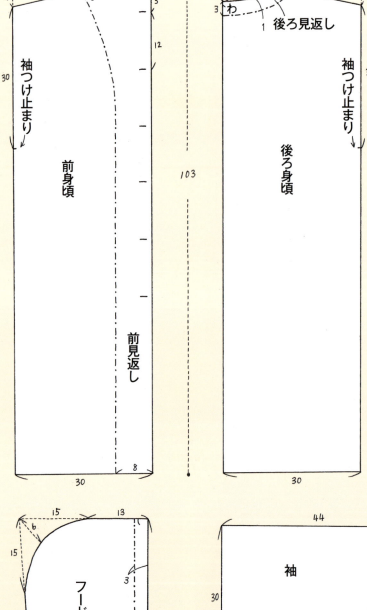

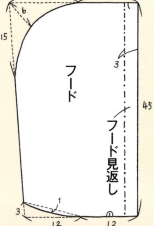
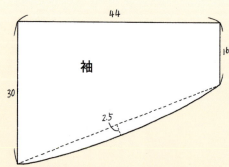

素材
留袖

材料
- 前身頃（フード下部の印と身頃上部の印を合わせてとる）…左右各1枚
- 後ろ身頃…左右各1枚
- フード見返し…1枚
- 前見返し・芯…左右各1枚
- 後ろ見返し・芯…1枚
- 袖…前後左右各1枚
- ボタン…6個

縫い代
製図は出来上がり寸法です。縫い代はコート裾4cm、袖口は2cm、その他は1cmです。

第三章 いなせな半纏と留袖変化

フードをかぶったところ。まるで時代劇に出てくる御高祖頭巾のような神秘的な雰囲気に。

後ろ姿。ふつうコートの後ろは無地が多かったりしますが、これは裾模様があるので華やかに目を惹きます。

作り方と順序

1. 左右の前身頃のフード頭部を中表に合わせ縫い、縫い代をアイロンで割る。
2. 左右の後ろ身頃を中表に合わせ、中心線を縫い、縫い代をアイロンで割る。
3. 左右の前身頃と後ろ身頃を中表に合わせ、肩線を縫い、縫い代をアイロンで割る。
4. 前身頃のフード底と後ろ身頃の衿ぐりを中表に合わせ、しつけで留める。
5. フード顔周りとフード見返しを中表に合わせ縫い、フード見返しの下部（首にあたる部分）の縫い代を裏側に向けて折り、フード見返しを表に返して形を整え、しつけで留めておく。
6. 芯を貼った後ろ見返しと左右の前見返しを中表に合わせ、肩線を縫い、縫い代をアイロンで割り、前見返し上部（首にあたる部分）の縫い代を裏側に向けて折っておく。
7. 前後身頃と前後見返しを中表に合わせ、前中心線と衿ぐりを縫い、表に返してアイロンで形を整え、表から右前身頃中心線→フード顔周り→左前身頃中心線の順に続けてステッチをかける。
8. 左右のフード見返しの下部と前見返し上部（首にあたる部分）の開きくちを手縫いで留める。
9. 左右の前袖と左右の後ろ袖をそれぞれ中表に合わせ、袖中心線を縫い、縫い代をアイロンで割る。
10. 前後身頃の袖位置に袖を中表に合わせ縫う。
11. 袖下、前後身頃脇を中表に合わせ、袖下と脇線を縫い、縫い代をアイロンで割る。
12. 前後身頃の裾、左右の袖口の始末をする。
13. 前身頃にボタンホールを開け、もう片方の前身頃にボタンをつける。

格調高い留袖アンサンブル

No.28

作り方と順序

ジャケット

① 後ろ身頃を中表に合わせ、中心線を縫い、縫い代をアイロンで割る。

② 後ろ身頃と左右の前身頃を中表に合わせ、肩線を縫い、縫い代をアイロンで割る。

③ 表衿と芯を貼った裏衿を中表に合わせ、衿上部を縫い、表に返してアイロンで形を整え、衿下部を前後身頃の衿ぐりにしつけで留めておく。

④ 芯を貼った後ろ見返しと左右の前見返しを中表に合わせ、肩線を縫い、縫い代をアイロンで割る。

⑤ 前後身頃の衿ぐりと前後見返しを中表に合わせ、右前身頃中心線→衿ぐり→左前身頃中心線を続けて縫い、表に返してアイロンで形を整え、ステッチをかける。

⑥ 左右の前袖と左右の後ろ袖をそれぞれ中表に合わせ、袖中心線を縫い、縫い代をアイロンで割る。

⑦ 前後身頃の袖位置に袖を中表に合わせ縫う。

⑧ 袖下、前後身頃脇を中表に合わせ、袖下、脇線を縫う。

⑨ 芯を貼った左右のカフスをそれぞれ中表に輪に縫い、縫い代をアイロンで割り、表に返す。

⑩ カフスの上下の縫い代を裏側に向けて折り、全体を外表に半分に折り、カフス下部に左右の袖口をそれぞれ挟み縫う。

⑪ 前後身頃の裾の始末をする。

⑫ 前身頃上部にカギホックを縫い付ける。

後ろ姿。くるぶしまでのロングスカートで格調高く、あらたまった場所にもふさわしい。

第三章　いなせな半纏と留袖変化

素材
留袖

材料
- 前身頃…左右各1枚
- 後ろ身頃…左右各1枚
- 前見返し、芯…左右各1枚
- 後ろ見返し、芯…1枚
- 衿（前衿と後ろ衿の肩線を合わせてとる）…表裏各1枚、芯1枚
- 袖…前後左右各1枚
- カフス、芯…左右各1枚
- カギホック…1組

縫い代
製図は出来上がり寸法です。ジャケットの縫い代は前身頃裾、後ろ身頃裾は4cm、袖口は各2cm、その他は1cmです。

製図と寸法　ジャケット

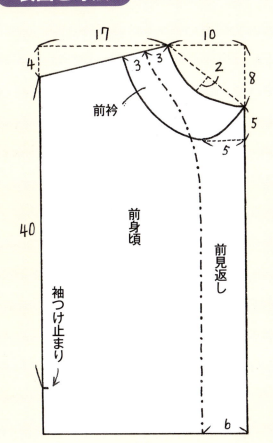

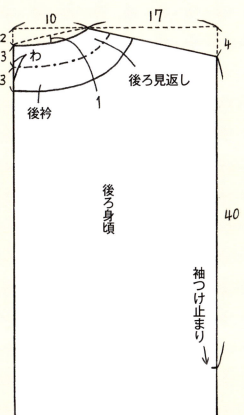
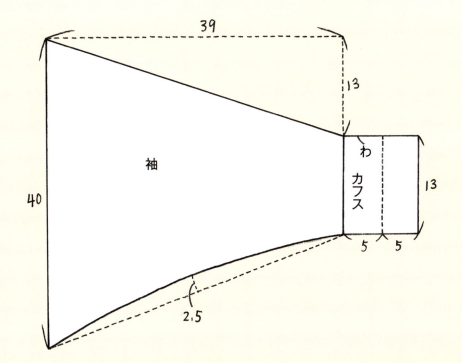

留袖から作った アンサンブル

No.28

製図と寸法 ワンピース

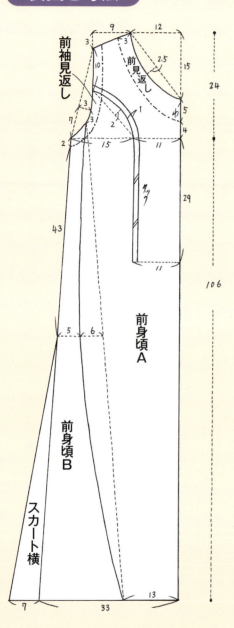
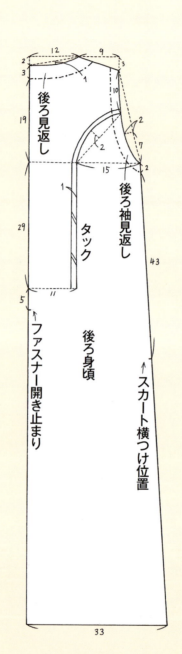
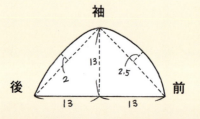

素材
留袖

材料
- 右前身頃（前身頃ＡＢを合わせてとる）…1枚
- 左前身頃Ａ…各1枚
- 左前身頃Ｂ…各1枚
- 後ろ身頃…左右各1枚
- スカート横…前後左右各1枚
- 前見返し・芯…各1枚
- 後ろ見返し・芯…左右各1枚
- 前袖見返し・芯…左右各1枚
- 後ろ袖見返し・芯…左右各1枚
- 袖…左右各1枚
- コンシールファスナー…５６cm１本
- カギホック…１組

縫い代
製図は出来上がり寸法です。ワンピースの縫い代はスカート裾４cm、その他は各１cmです。

ワンピースの後ろ姿。きれいなプリンセスラインで、優雅さを表わしています。

ワンピースの胸元が大人っぽい。袖に残した家紋が生きています。

作り方と順序

ワンピース

① 左前身頃AとBを中表に合わせ縫い、縫い代をアイロンで割る。

② 左右の前身頃脇に左右のスカート横をそれぞれ中表に合わせ縫い、縫い代をアイロンで割る。左右の後ろ身頃と左右の後ろスカート横も同様に仕上げる。

③ 左右の前身頃を中表に合わせ、中心線を縫い、縫い代をアイロンで割る。

④ 左右の後ろ身頃を中表に合わせ、中心線を裾からファスナー止まりまで縫い、縫い代をアイロンで割り、後ろ身頃中心線の開き部分にコンシールファスナーをつける。

⑤ 前後身頃のタックを裏から取り、縫い代を脇に向けて倒す。

⑥ 前身頃と後ろ身後を中表に合わせ、肩線と脇線を縫い、縫い代をアイロンで割る。

⑦ 左右の袖裾の始末をし、前後身頃の袖ぐりと左右の袖山をそれぞれ中表に合わせ縫う。

⑧ 芯を貼った左右の前袖見返しと左右の後ろ袖見返しをそれぞれと中表に合わせ、肩線と脇線を縫い、縫い代をアイロンで割る。

⑨ 左右の身頃の袖ぐりに左右の袖見返しをそれぞれ中表に合わせ縫い、表に返してアイロンで形を整え、ステッチをかける。

⑩ 芯を貼った前見返しと左右の後ろ見返しを中表に合わせ、肩線を縫い、縫い代をアイロンで割る。

⑪ 前後身頃の衿ぐりに前後見返しを中表に合わせ縫い、表に返してアイロンで形を整え、ステッチをかける。

⑫ 前後身頃の裾の始末をする。

⑬ 後ろ見返し中心線上部にカギホックをつける。

雲に浮かぶ鶴の
デザインは
おめでたい席にも重宝

No.29
デザイン見本
ツーピース

ちょっと色が褪せて着られなくなった古い留袖も、洋服ならば十分着ることが出来ます。ちょっとしたパーティーや気軽なお祝いの席などにいかが。パールやシルバーのアクセサリーが似合います。

和裂服

ビーズバック

左は羊、右は鹿をビーズ刺しゅうした小ぶりの可愛いバッグ。デザインがなんともユニークで楽しい。
金澤ミチヨ作　左：15750円　右：18900円

第三章　いなせな半纏と留袖変化

第四章
ふだん使いでカジュアルに

ふだんづかいでカジュアルに

No.30
作り方はP.82へ

アンサンブル

菊と紅葉に唐草模様。洋服だとちょっと引いてしまいそうな柄ですが、着物地だとなんとなくおさまるから不思議です。ジャケットだけ羽織ればブランドものに負けないセンスを発揮。

思い切った色使いの銘仙だから
シンプルなアンサンブルで

**ジャケットだけでも
スポーティーに着こなせる**

No.31
作り方はP.84へ

ベストスーツ

スカートは3種類の紬を接いで、1枚ものとは違うニュアンスを出しています。布地が足りなくてもこのように接いで、かえって面白い味を出せるのが着物リフォームの醍醐味。

和裂服

渋い男物紬ベストスーツ
スカートは両側に遊び心を

第四章 ふだん使いでカジュアルに

思い切った色使いの銘仙アンサンブル

No.30

製図と寸法

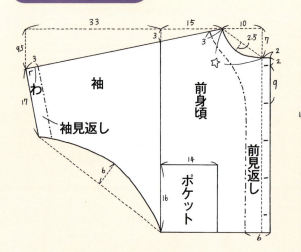

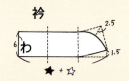

作り方と順序

ジャケット

1. 左右の後ろ身頃下部のダーツをとり、縫い代を外側に向けて倒す。
2. 左右の後ろ身頃を中表に合わせ、中心線を縫い、縫い代をアイロンで割る。
3. 後ろ身頃と左右の前身頃を中表に合わせ、肩線を縫い、縫い代をアイロンで割る。
4. 芯を貼った後ろ見返しと左右の前見返しを中表に合わせ、肩線を縫い、縫い代をアイロンで割る。
5. 表衿と芯を貼った裏衿を中表に合わせ、衿上部を縫い、表に返してアイロンで形を整え、衿下部を前後身頃の衿ぐりにしつけて留める。
6. 前後身頃と前後見返しを中表に合わせ、右前中心→衿ぐり→左前中心を続けて縫い、表に返して形を整え、ステッチをかける。
7. ポケットを作り、左右の前身頃にそれぞれ縫いつける。
8. 左右の前袖と後ろ袖をそれぞれ中表に合わせ、中心線を縫い、縫い代をアイロンで割る。
9. 前後身頃の左右の袖位置に、左右の袖をそれぞれ中表に合わせ縫う。
10. 前袖と後袖の下部を中表に合わせ縫い、縫い代をアイロンで割る。
11. 芯を貼った左右の袖見返しをそれぞれ中表に輪に縫い、縫い代をアイロンで割る。
12. 袖見返しと袖口を中表に合わせ縫い、表に返してアイロンで形を整え、ステッチをかける。
13. 身頃裾の始末をする。
14. 前身頃にボタンホールを開け、もう片方の前身頃にボタンをつける。

素材
銘仙

材料
- 前身頃…左右各1枚
- 後ろ身頃…左右各1枚
- 前見返し・芯…左右各1枚
- 後ろ見返し・芯…1枚
- 袖…前後左右各1枚
- 袖見返し・芯…左右各1枚
- 衿…表裏各1枚、芯1枚
- ポケット…左右各1枚
- ボタン…5個

縫い代
製図は出来上がり寸法です。ジャケットの縫い代は前身頃裾、後ろ身頃裾は4㎝、袖口は各2㎝、その他は1㎝です。

第四章 ふだん使いでカジュアルに

ワンピースだけだとより派手さが目立って、夏のリゾート用にぴったり。黄色い麦わらの帽子などかぶって大いに楽しみましょう。

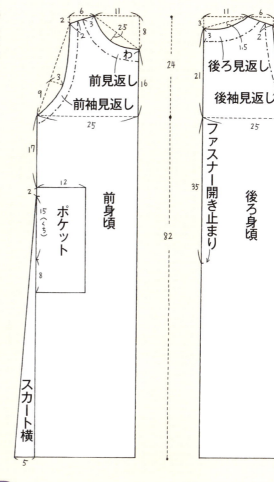

素材
銘仙

材料
- 前身頃…左右各1枚
- 後ろ身頃…左右各1枚
- スカート横…前後左右各1枚
- 前見返し・芯…各1枚
- 後ろ見返し・芯…左右各1枚
- 前袖見返し・芯…左右各1枚
- 後ろ袖見返し・芯…左右各1枚
- ポケット…左右各1枚
- コンシールファスナー…56cm 1本
- カギホック…1組

縫い代
製図は出来上がり寸法です。ワンピースの縫い代はスカート裾4cm、その他は各1cmです。

作り方と順序

ワンピース

① 左右の前身頃脇に左右の前スカート横をそれぞれ中表に合わせ縫い、縫い代をアイロンで割る。左右の後ろ身頃と左右の後ろスカート横も同様に仕上げる。

② 左右の前身頃を中表に合わせ、中心線を縫い、縫い代をアイロンで割る。

③ 左右の後ろ身頃を中表に合わせ、中心線を裾からファスナー止まりまで縫い、縫い代をアイロンで割り、中心線の開き部分にコンシールファスナーをつける。

④ 前身頃と後ろ身後を中表に合わせ、肩線と脇線を縫い、縫い代をアイロンで割る。

⑤ 芯を貼った前見返しと左右の後ろ見返しを中表に合わせ、肩線を縫い、縫い代をアイロンで割る。

⑥ 前後身頃の衿ぐりに前後見返しを中表に合わせ縫い、表に返してアイロンで形を整え、ステッチをかける。

⑦ 芯を貼った左右の前袖見返しと左右の後ろ袖見返しをそれぞれと中表に合わせ、肩線と脇線を縫い、縫い代をアイロンで割る。

⑧ 左右の身頃の袖ぐりに左右の袖見返しをそれぞれ中表に合わせ縫い、表に返してアイロンで形を整え、ステッチをかける。

⑨ ポケットを作り、左右の前身頃にそれぞれ縫いつける。

⑩ 前後身頃の裾の始末をする。

⑪ 後ろ見返し中心線上部にカギホックをつける。

男物紬のベストスーツ

No.31

製図と寸法

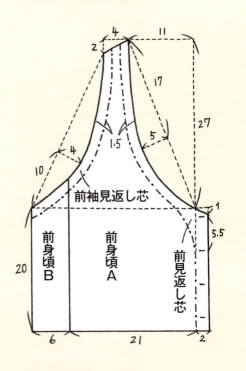
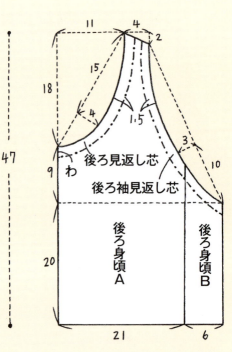

素材

紬

材料

- 表前身頃（前身頃A、前身頃B）…左右各1枚
- 表後ろ身頃（後ろ身頃A、後ろ身頃B）…左右各1枚
- 裏前身頃（前身頃AB合わせたもの）…左右各1枚
- 裏後ろ身頃（後ろ身頃AB合わせたもの）…左右各1枚
- 前見返し芯…左右各1枚
- 後ろ見返し芯…1枚
- 前袖見返し芯、後ろ袖見返し芯…左右各1枚
- ボタン…表裏各4個

縫い代

製図は出来上がり寸法です。縫い代は前身頃裾、後ろ身頃裾は各4cm、他は1cmです。

作り方と順序

ベスト

① 左右の表前身頃AとBの片端を中表に合わせ縫い、縫い代をアイロンで割る。左右の表後ろ身頃AとBも同様に仕上げる。

② 左右の表後ろ身頃を中表に合わせ、中心線を縫い、縫い代をアイロンで割る。

③ 左右の表前身頃と表後ろ身後を中表に合わせ、肩線と脇線をそれぞれ縫い、縫い代をアイロンで割る。

④ 裏の前後身頃の衿ぐりと袖ぐりに芯を貼り、②〜③の手順で裏ベストを仕上げる。

⑤ 表ベストと裏ベストを中表に合わせ、後ろ身頃裾に15cm程の開きくちを縫い残しながら、ベストの外周を右後ろ身頃裾→右前身頃裾→右前中心→衿ぐり→左前身頃裾→左後ろ身頃裾の順に続けて縫い、縫い代をそれぞれ裏側に向けて倒す。

⑥ 表裏の袖ぐりの本線をしつけで縫い合わせ、縫い代をそれぞれ裏側に向けて倒し、アイロンでしっかり癖付けておく。

⑦ 袖ぐりのしつけを解き、後ろ身頃の開きくちから全体を表に返して形を整え、ベスト外周と袖ぐりにステッチをかける。

⑧ 前身頃にボタンホールを開け、もう片方の表裏前身頃にボタンをつける。

遊び心のあるカジュアルなスカートの雰囲気を生かしてラフな着こなしにしてみました。

ベストは前身頃に羽裏とのリバーシブル。真っ白なTシャツと合わせてさわやかに着こなして。

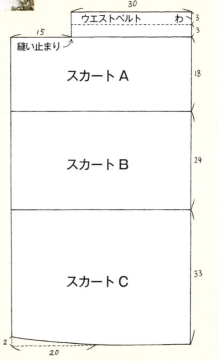

素材
紬

材料
- スカートA…前後左右各1枚
- スカートB…前後左右各1枚
- スカートC…前後左右各1枚
- ウエストベルト…1枚
- ゴム…適量

縫い代
製図は出来上がり寸法です。スカートは裾4cm、その他は各1cmです。

作り方と順序

スカート

① 左右の前スカートAを中表に合わせ、中心線を縫い、縫い代をアイロンで割る。左右の前スカートBC、左右の後ろスカートABCも同様に縫う。

② 前スカートAの下部と前スカートBの上部を中表に合わせ縫い、縫い代を上に向けて倒し、表からステッチをかける。

③ 前スカートBの下部と前スカートCの上部を中表に合わせ縫い、縫い代を上に向けて倒し、表からステッチをかける。

④ 後ろスカートABCを2〜3の手順で縫い合わせる。

⑤ 前スカートと後ろスカートを中表に合わせ、左右の脇線、スカートA上部の脇線から縫い止まりまでを縫い、縫い代をアイロンで割る。

⑥ ウエストベルトを中表に輪に縫い、上下の縫い代を裏側に向けて折り、表に返して全体を横半分に折る。

⑦ ウエストベルト下部に前後スカート上部を挟み、ゴム入り口を2cm程残して縫う。

⑧ ウエストにゴムを入れ、ゴム入り口を縫い閉じ、スカート裾の始末をする。

No.32
作り方は P.88 へ

アンサンブル

懐かしさを感じさせる柄ですね。昭和のお母さんがふだんよく着ていたような。これを身にまとうだけで昭和の時代にトリップできそうです。だから形もオーソドックスに。

和裁服

柄行が大きいので、ウエストをリボンで結んだだけのシンプルな形のワンピースに。身頃にできたギャザーが女らしさを演出します。

着物ならではの模様を生かしたアンサンブル

小さな丸衿はレトロ感たっぷり。クロッシュ型の帽子でもかぶれば、あらたまった雰囲気にもなります。

黒地に赤青黄、日本のデザインは三原色が多いですね。それなのにけばけばしい感じがしないのは、天然染料だからでしょうか。

第四章　ふだん使いでカジュアルに

No.33 作り方はP.90へ

ジャンパースカート

ジャンパースカートって若々しく活動的な感じがするのは、女学生の制服のイメージがあるからでしょうか。前の三角形の打ち合わせとキュロットスカートでよりさわやかに。

和製服

男物はかまから キュロットのジャンパースカート

ウエストの両脇に大きな張り出しポケットをつけてマニッシュな雰囲気も出しました。ポケットがあればなにかと便利でもありますね。

第四章 ふだん使いでカジュアルに

着物ならではの模様のアンサンブル

No.32

製図と寸法

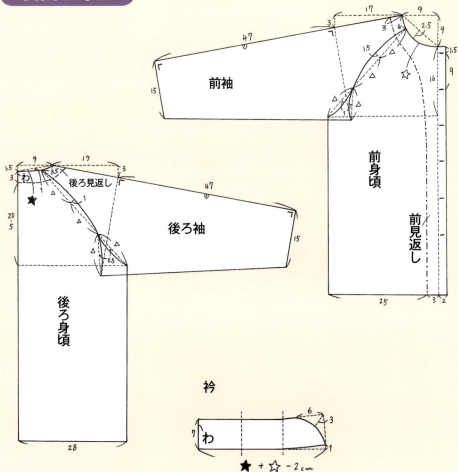

素材
銘仙

材料
- ●前身頃…左右各1枚
- ●後ろ身頃…左右各1枚
- ●前見返し、芯…左右各1枚
- ●後ろ見返し、芯…1枚
- ●袖（前後のパターンの印を合わせてとり、袖山の窪みを自然なラインに修正する）…左右各1枚
- ●衿…表裏各1枚、芯1枚
- ●ボタン…6個

縫い代
製図は出来上がり寸法です。ジャケットの縫い代は前身頃裾、後ろ身頃裾は4㎝、袖口は各2㎝、その他は1㎝です。

作り方と順序

ジャケット

1. 左右の後ろ身頃を中表に合わせ、中心線を縫い、縫い代をアイロンで割る。

2. 左右の袖山に左右の前後身頃の袖ぐりをそれぞれ中表に合わせ縫い、縫い代を身頃に向けて倒す。

3. 表衿と芯を貼った裏衿を中表に合わせ、衿上部を縫い、表に返してアイロンで形を整え、表からステッチをかけ、衿下部を前後身頃の衿ぐりにしつけておく。

4. 芯を貼った左右の前見返しと後ろ見返しを中表に合わせ、肩線を縫い、縫い代をアイロンで割る。

5. 前後身頃と前後見返しを中表に合わせ、右前中心→衿ぐり→左前中心を続けて縫い、表に返しアイロンで形を整え、ステッチをかける。

6. 袖下と前後身頃の脇を中表に合わせ、袖下と脇線を続けて縫い、縫い代をアイロンで割る。

7. 前後身頃の裾、袖口の始末をする。

8. 前身頃にボタンホールを開け、ボタンをつける。

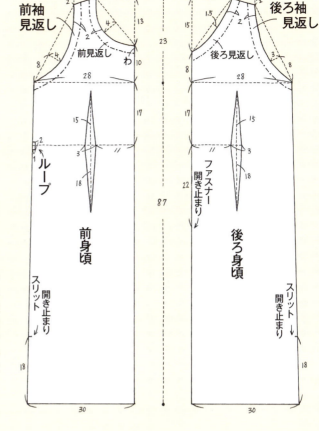

ワンピースですがジャンパースカートとして着ることも可能。袖ぐりも大きくとってあります。白いタートルのセーターやレギンスなどと組み合わせれば、冬のアイテムにもなります。

素材
銘仙

材料
- 前身頃…左右各1枚
- 後ろ身頃…左右各1枚
- 前見返し・芯…1枚
- 後ろ見返し・芯…左右各1枚
- 前袖見返し・芯…左右各1枚
- 後ろ袖見返し・芯…左右各1枚
- コンシールファスナー…47㎝1本
- ウエストリボン…1枚
- ベルトループ…左右各1枚
- カギホック…1組

縫い代
製図は出来上がり寸法です。ワンピースの縫い代はスカート裾4㎝、その他は各1㎝です。

作り方と順序

ワンピース

① 前後左右の身頃のダーツをとり、縫い代を脇側に向けて倒す。

② 左右の前身頃を中表に合わせ、中心線を縫い、縫い代をアイロンで割る。

③ 左右の後ろ身頃を中表に合わせ、中心線を裾からファスナー止まりまで縫い、縫い代をアイロンで割る。

④ 後ろ身頃中心線の開き部分にコンシールファスナーをつける。

⑤ 前身頃と後ろ身後を中表に合わせ、肩線と脇線をスリット止まりまで縫い、縫い代をアイロンで割る。

⑥ 芯を貼った前見返しと左右の後ろ見返しを中表に合わせ、肩線を縫い、縫い代をアイロンで割る。

⑦ 前後身頃の衿ぐりと前後見返しを中表に合わせ、衿ぐりを縫い、表に返してアイロンで形を整え、ステッチをかける。

⑧ 芯を貼った左右の前袖見返しと左右の後ろ袖見返しをそれぞれ中表に合わせ、肩線と脇線を縫い、縫い代をアイロンで割る。

⑨ 前後身頃の左右の袖ぐりと左右の袖見返しをそれぞれ中表に合わせ縫い、表に返してアイロンで形を整え、ステッチをかける。

⑩ ベルトループを作り、左右の身頃脇線のウエスト位置に縫いつける。

⑪ ウエストリボンの縫い代を全て裏側に折り、全体を外表に横半分に折り、ステッチをかける。

⑫ 身頃裾とスリットの始末をする。

男物はかまの ジャンパースカート

No.33

製図と寸法

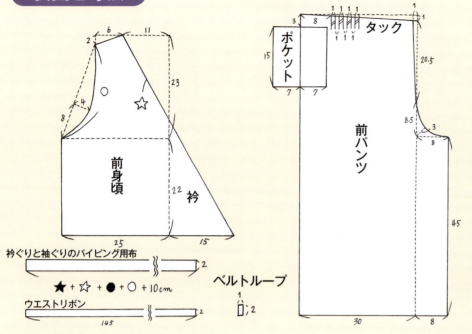

素材
男物はかま

材料
- 前身頃…左右各1枚
- 後ろ身頃…左右各1枚
- 前パンツ…左右各1枚
- 後ろパンツ…左右各1枚
- ポケット…左右各1枚
- 衿ぐり、袖ぐりのパイピング用布…1枚
- ベルトループ…左右各1枚
- ウエストリボン…1枚
- コンシールファスナー…63cm 1本
- カギホック…1組

縫い代
製図は出来上がり寸法です。縫い代はパンツの裾4cm、その他は各1cmです。

作り方と順序

1. 左右の前身頃と左右の後ろ身頃をそれぞれ中表に合わせ、肩線と脇線を縫い、縫い代をアイロンで割る。
2. 左右の前身頃の中心線を合わせ、下部をしつけで留める。
3. 前後パンツのタックをとり、縫い代を脇に向けて倒す。
4. 右前パンツと右後ろパンツを中表に合わせ、脇線を縫い、縫い代をアイロンで割る。左前パンツと左後ろパンツも同様に仕上げる。
5. ポケットを作り、左右パンツの脇に縫いつける。
6. 右前パンツと右後ろパンツを中表に合わせ、股下を縫い、縫い代をアイロンで割る。左前パンツと右後ろパンツも同様に仕上げる。
7. 左パンツのみを表に返し、右パンツの中に中表に合わせ重ね入れ、前中心線から後ろ中心線のファスナー止まりまでを縫い、縫い代をアイロンで割る。
8. 前後身頃の下部と、前後パンツの上部を中表に合わせ縫い、縫い代を上に向けて倒し、表からステッチをかける。
9. 後ろ身頃中心線～後ろパンツ中心線の開き部分に、コンシールファスナーをつけ、後ろ身頃中心線上部にカギホックをつける。
10. パイピング布の上下の縫い代を内側に折り、外表に横二つに折り、アイロンでしっかり癖つける。
11. 前後身頃の衿ぐり、左右袖ぐりをパイピング布で包み、ステッチをかける。
12. ベルトループを作り、左右の身頃脇線のウエスト位置ににそれぞれ縫いつける。
13. ウエストリボンの縫い代を全て裏側に折り、全体を外表に横半分に折り、ステッチをかける。
14. パンツ裾の始末をする。

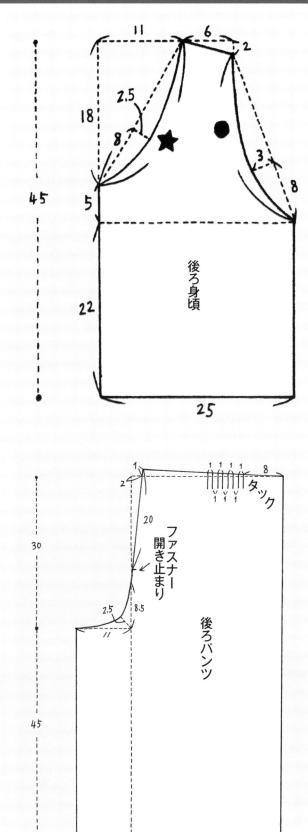

前から見ると直線的でマニッシュなデザインですが、後ろは襟ぐりも丸くカーブし、リボンを結んでとても可愛くなっています。

矢羽根模様が懐かしい気軽に使えるベストスーツ

第四章 ふだん使いでカジュアルに

No.34
作り方はP.94へ

ベストスーツ

矢羽根模様といえば着物柄の定番。それも紫の地色は時代劇を彷彿とさせます。それできっちりとしたベストスーツにしてしまうところが楽しい。なにげないのに注目を浴びますよ。

和裂服

ベストは裏つきでこれだけを着てもOK。カッチリとしたスタイルに布の柔らかさがミスマッチで、だからこそいろいろに着回せます。

No.35
作り方はP.95へ

赤黄緑の三原色格子模様

銘仙の特徴である先染めの技法を生かした微妙な絣模様のある柄行は、それだけで貴重なもの。柄物のブラウスは上着替わりにも着られるので、外出着としても十分使えます。

和裂服

ブラウスは何枚あっても嬉しいもの

No.36
作り方はP.95〜96へ

モスグリーン地に赤が効果的

蝶のようにも花のようにも見えるアブストラクトな模様。モスグリーンと赤という色の組み合わせも大胆で、この柄だけで見せてしまうブラウスです。赤いボタンを効果的に使いました。

和裂服

No.37
作り方はP.96へ

鮮やかなピンクで心もウキウキ

銘仙のツヤのあるあでやかなピンクがなんともきれい。パーティーでもいいし、外国に行ったときなども、きっと注目の的となるでしょう。上品な色なので年齢を問わずに着られます。

和裂服

第四章　ふだん使いでカジュアルに

矢羽根模様が懐かしい ベストスーツ

No.34

製図と寸法

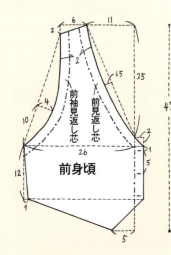
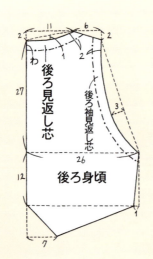

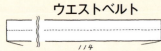
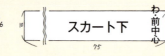

素材
銘仙

材料（ベスト）
- 表身頃…表裏左右各1枚
- 後ろ身頃…表裏左右各1枚
- 前見返し芯…左右各1枚
- 後ろ見返し芯…1枚
- 前袖見返し芯…左右各1枚
- 後ろ袖見返し芯…左右各1枚
- ボタン…4個

材料（スカート）
- スカート…6枚
- スカート下…1枚
- ウエストベルト…1枚
- ゴム…適量

縫い代
製図は出来上がり寸法です。ベストの縫い代は前身頃裾、後ろ身頃裾は2cm、その他は1cmです。スカートは裾4cm、その他は各1cmです。

作り方と順序

スカート
1. スカートのダーツをとり、縫い代を脇に向けて倒す。
2. スカート6枚の両脇を中表に合わせ縫い（後ろ中心はスリット止まりまで）縫い代をアイロンで割る。
3. スカートの下部にスカート下の上部を中表に合わせ縫い、縫い代を上に向けて倒し、表からステッチをかける。
4. ウエストベルトを中表に輪に縫い、上下の縫い代を裏側に向けて折り、表に返して全体を横半分に折る。
5. ウエストベルト下部にスカート上部を挟み、ゴム入り口3cm程を残して縫い合わせる。
6. ウエストにゴムを入れ、ゴム入り口を縫い閉じ、スカート裾、スリットの始末をする。

ベスト
1. 左右の表後ろ身頃を中表に合わせ、中心線を縫い、縫い代をアイロンで割る。
2. 左右の表前身頃と表後ろ身後を中表に合わせ、肩線と脇線を縫い、縫い代をアイロンで割る。
3. 裏の前後身頃の衿ぐりと袖ぐりに芯を貼り、①～②の手順で裏ベストを仕上げる。
4. 表ベストと裏ベストを中表に合わせ、後ろ身頃裾に15cm程の開きくちを縫い残しながら、ベストの外周を右後ろ身頃裾→右前身頃裾→右前中心→衿ぐり→左前中心→左前身頃裾→左後ろ身頃裾の順に続けて縫い、縫い代をそれぞれ裏側に向けて倒す。
5. ④の表裏の袖ぐりの本線をしつけで縫い合わせ、縫い代をそれぞれ裏側に向けて倒し、アイロンでしっかり癖付けておく。
6. ⑤の袖ぐりのしつけを解き、後ろ身頃の開きくちから全体を表に返して形を整え、ベスト外周と袖ぐりにステッチをかける。
7. 前身頃にボタンホールを開け、もう片方の表裏前身頃にボタンをつける。

格子模様のブラウス

No.35

製図と寸法

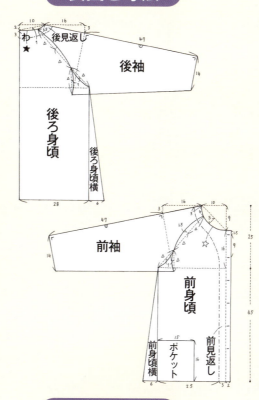

素材

銘仙

材料

- 前身頃…左右各1枚
- 後ろ身頃…左右各1枚
- 横前身頃横…左右各1枚
- 後ろ身頃横…左右各1枚
- 前見返し、芯…左右各1枚
- 後ろ見返し、芯…1枚
- 袖（前後のパターンの印を合わせてとり、袖山の窪みを自然なラインに修正する）…左右各1枚
- 衿…表裏各1枚、芯1枚
- ポケット…左右各1枚
- ボタン…5個

作り方と順序

モスグリーン地のブラウス

① 左右の後ろ身頃を中表に合わせ、中心線を縫い、縫い代をアイロンで割る。

② 前身頃と後ろ身頃を中表に合わせ、肩線を縫い、縫い代をアイロンで割る。

③ 前身頃の中心線と芯を貼った前見返しの中心線を中表に合わせ縫い、表に返して形を整える。

④ 表衿と芯を貼った裏衿を中表に合わせ、衿上部を縫い、衿下部の縫い代を裏側に向けて折り、表に返して形を整える。

⑤ 衿の下部に、前後身頃の衿ぐりを挟み縫う。

⑥ 右前身頃中心線→衿上部→左前身頃中心線に表からステッチをかける。

⑦ 左右の袖山と前後身頃の袖ぐりを中表に合わせ縫い、縫い代を身頃側に向けて倒す。

⑧ 袖下、前後身頃脇を中表に合わせ、袖下と脇線を続けて縫い、縫い代をアイロンで割る。

⑨ ポケットをつくり、左右の前身頃に縫いつける。

⑩ 前後身頃の裾、左右の袖口の始末をする。

⑪ 前身頃にボタンホールを開け、もう片方の前身頃にボタンをつける。

縫い代

製図は出来上がり寸法です。縫い代は前身頃裾、後ろ身頃裾各4cm、袖口は2cm、その他は1cmです。

作り方と順序

格子模様のブラウス

① 左右の前身頃と左右の前身頃横をそれぞれ中表に合わせ、片端を縫い、縫い代をアイロンで割る。後ろ身頃と後ろ身頃横も同様に仕上げる。

② 左右の後ろ身頃を中表に合わせ、中心線を縫い、縫い代をアイロンで割る。

③ 左右の袖山に左右の前後身頃の袖ぐりをそれぞれ中表に合わせ縫い、縫い代を身頃に向けて倒す。

④ 表衿と芯を貼った裏衿を中表に合わせ、衿上部を縫い、表に返してアイロンで形を整え、表からステッチをかけ、衿の下部を前後身頃の衿ぐりにしつけで留めておく。

⑤ 芯を貼った左右の前見返しと後ろ見返しを中表に合わせ、肩線を縫い、縫い代をアイロンで割る。

⑥ 前後身頃の衿ぐりと前後見返しの衿ぐりを中表に合わせ、右前中心→衿ぐり→左前中心を続けて縫い、前後見返しを表に返しアイロンで形を整えステッチをかける。

⑦ 袖下、前後身頃を中表に合わせ、袖下と脇線を縫い、縫い代をアイロンで割る。

⑧ ポケットをつくり、左右の前身頃にそれぞれつける。

⑨ 前後身頃の裾、袖口の始末をする。

⑩ 前身頃にボタンホールを開け、ボタンをつける。

モスグリーン地のブラウス

No.36

縫い代
製図は出来上がり寸法です。縫い代は前身頃裾、後ろ身頃裾は各4cm、他は1cmです。

作り方と順序

ピンク地のブラウス

① 左右の前身頃を中表に合わせ、中心線の裾から縫い止まりまでを縫い、縫い代をアイロンで割る。

② 左右の後ろ身頃を中表に合わせ、中心線を縫い、縫い代をアイロンで割る。

③ 前身頃と後ろ身頃を中表に合わせ、肩線を縫い、縫い代をアイロンで割る。

④ 左右の袖口と左右のカフス下部をそれぞれ中表に合わせ縫い、縫い代を袖側に向けて倒し、表からステッチをかける。

⑤ 前後身頃の袖ぐりに左右の袖山をそれぞれ中表に合わせ縫い、縫い代を身頃側に倒す。

⑥ 袖下、前後身頃の脇を中表に合わせ、袖下と脇線を続けて縫い、縫い代をアイロンで割る。

⑦ 前身頃に短冊布を縫いつける（P111参照）

⑧ 表衿と芯を貼った裏衿を中表に合わせ、両脇と上部を縫い、表に返してアイロンで形を整え、衿下部の縫い代を裏側に向けて折る。

⑨ 衿下に前後身頃の衿ぐりを挟み、衿ぐり、衿周りにステッチをかける。

⑩ ポケットを作り、左右の前身頃にそれぞれ縫いつける。

⑪ 袖口、身頃裾の始末をする。

⑫ 片方の短冊にボタンホールを開け、もう片方にボタンをつける。

縫い代
製図は出来上がり寸法です。縫い代は前身頃裾、後ろ身頃裾は各4cm、袖口は2cm、その他は1cmです。

製図と寸法

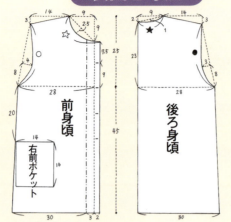

素材 銘仙

材料（ベスト）
- 前身頃…左右各1枚
- 後ろ身頃…左右各1枚
- 袖…左右各1枚
- カフス、芯…左右各1枚
- 衿…表裏各1枚、芯1枚
- 短冊、芯…2枚（同じ方向でとる）
- ポケット…左右各1枚
- ボタン…5個

No.37

素材 銘仙

材料（ベスト）
- 前身頃…左右各1枚
- 後ろ身頃…左右各1枚
- 前見返し・芯…左右各1枚
- 衿…表裏各1枚、芯1枚
- 袖…左右各1枚
- 右ポケット、左ポケット…各1枚
- ボタン…5個

製図と寸法

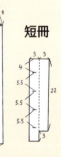
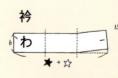

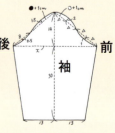

ピンクのブラウス

第四章 ふだん使いでカジュアルに

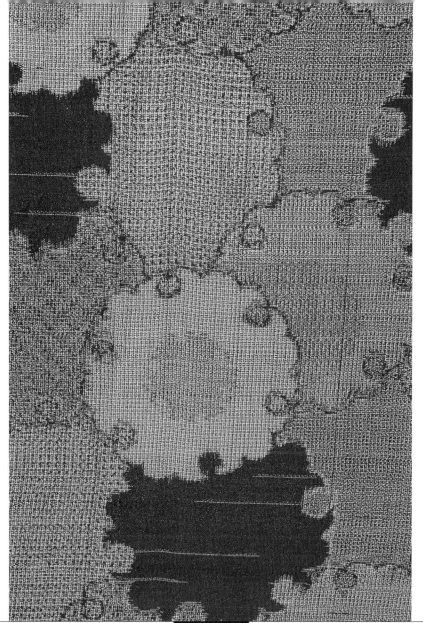

第五章
着物リフォームの作り方

きものリフォームのつくりかた

覚えておきたい着物の部分名称

着物リフォームは着物を素材にしているのですから、できるだけ着物の特徴を生かして作ることをおすすめします。そのためにも着物の各部分のしくみと名称を知ることが大切です。

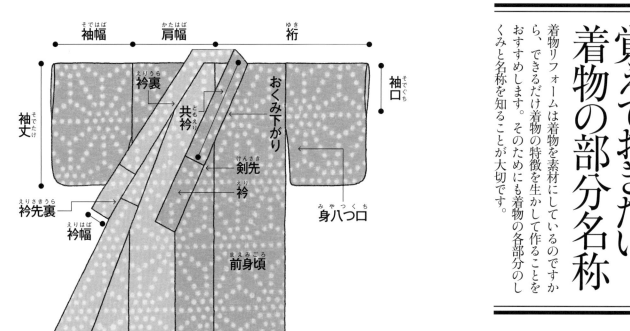

着物

前側

「おくみ」「肩開き」「裾回し」を利用してといった表現が出てきます。その言葉や位置をよく覚えておいてください。

後ろ側

前と後ろが同じ柄とは限らないのが着物の特徴。どの絵柄をどのように利用するかよく考えてデザインすることから始まります。

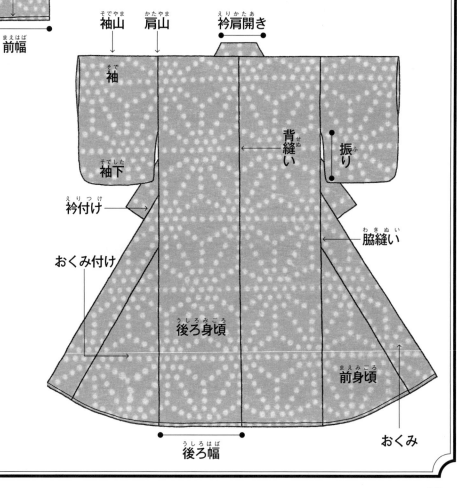

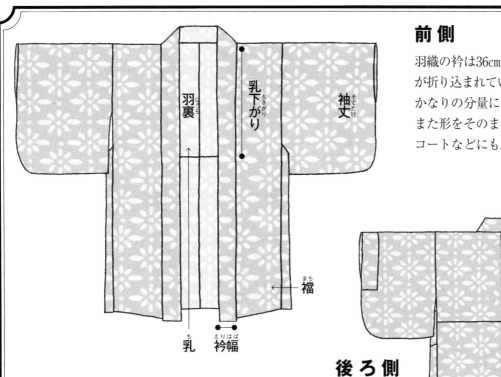

前側

羽織の衿は36cmの幅のものが折り込まれていますので、かなりの分量になります。また形をそのまま生かしてコートなどにも。

後ろ側

全体が一幅の絵のようになっている絵羽織は、豪華なドレスなどに変身できます。小紋の羽織ならカジュアルなワンピースなどに。

羽織

羽裏

羽裏は模様の宝箱。とくに男物の羽裏には驚くような斬新な、遊び心あふれる模様が見出されます。それを探すのも楽しみ。

着物のほどき方

着物リフォームは、着物をほどくことから始まります。できるだけ布地を傷めないようていねいに扱って。無理して糸を引っ張らず、糸切りばさみやリッパーで縫い目を切っていきます。

最初に衿と共衿をはずし、縫われている反対の方向からはさみを入れていきます。

衿や袖の最後の止めの部分は念入りに縫ってあるので、その手前からほどくようにします。

袷の着物は、裾から始めて脇、おくみ、袖の順に表地と裏地とをはずしていきます。

止めの部分以外はほとんどが糸を引っ張ればすーっと面白いように抜けていきます。

ほどいた布の幅

かけ衿

衿

袖　見頃　おくみ　　　　おくみ　見頃　袖

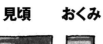

着物地の布幅はふつうは36cmぐらい、おくみ幅は18cmぐらいです。水洗いすると縮むこともありますが、そのまま使えます。

第五章　着物リフォームの作り方

サイズを変更する方法

本書の製図は11〜13号を基準としていますが、それよりも大きくまたは小さくしたい場合は製図を図のような場所に操作線を入れ、拡げる（縮める）ことで調節してください。

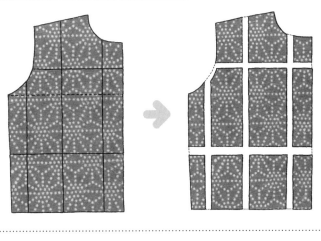

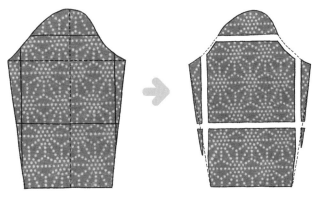

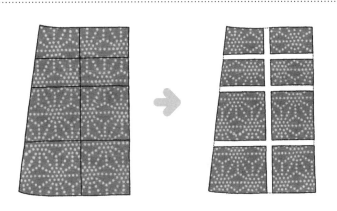

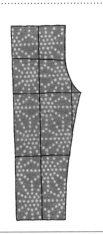 

婦人服のサイズ表

身長162cmまで				
号数	9	11	13	15
バスト	84	86.5	89	91.5
ウエスト	62	65	67.5	70
ヒップ	89	91.5	94	96.5
身長163cm〜170cmまで				
号数	9	11	13	15
バスト	85	87.5	90	93
ウエスト	63.5	66	68.5	71
ヒップ	90	92.5	95.5	98

ポイント

図は幅、長さ両方を調節するための操作線を示しています。幅を拡げる（縮める）場合は、縦の線のみ、長さを伸ばす（縮める）場合は、横の線のみ入れてください。

男物羽裏から
チュニック
作り方はP.104へ

製図を使わずに着物から洋服を作る方法

着物の形をそのまま生かして洋服を作ることもできます。できれば布地にあまりはさみを入れず反物のミミなどを利用した方が簡単ですし、もとの柄も生かされることになります。

手縫いでも

P35のNO12の「ウエストギャザー」と同じデザインです。羽織の羽裏を利用しています。身頃や袖をそのまま使っていて、初心者でも手縫いでできるので、まず挑戦してみましょう。

今回は羽裏を使います。いくつかの模様が描き込まれた丸い紋様が伝統を感じさせます。

男物の羽織の表。黒を基調にした細かい縞で地味なもの。ふだんに着ていたものでしょうか。

男物羽織の羽裏

第五章　着物リフォームの作り方

縞柄の着物

縞柄着物から
ワンピース
作り方は P.106 へ

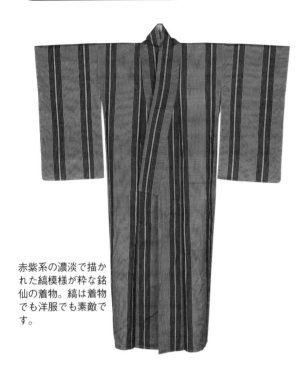

赤紫系の濃淡で描かれた縞模様が粋な銘仙の着物。縞は着物でも洋服でも素敵です。

後ろ側。今回はほどいたままの形をそのまま利用して作りますので、ほどき方はていねいに。

ピンタック

P48のNO18、P56のNO21の「ピンタックつきワンピース」と同じデザイン。胸と背中にピンタックがありますが、それだけ先にやってしまえばそんなに難しくはないのに、手をかけたように見えます。

もとの着物からの発想

古い着物を眺めてさてどのようにリフォームするかを考えるときが一番楽しいと作家さんたちは口を揃えて言います。料理の仕方でまったく違うものになるのが面白いですね。

羽裏を使う

男物羽織の羽裏から作るチュニック

製図（型紙）なしで作る第一弾です。ミシンを使わず手縫いでも出来ますので初心者向き。よいデザインの羽裏を見つければ、それだけで半分は出来たと言って過言ではないほど。

羽織を裏返して正面から見た形。表からはずしたら身頃と袖にしておいてください。

直接着るものに

布が羽織の半分しかないので、そんなに大きなものは作れませんが、チュニックやブラウスなら十分。布地も柔らかいので、直接着るものが肌触りよく気持ちよく感じます。

後ろ側。今回は着物の前身頃と後ろ身頃をつなげて使うのでほどくときはそのつもりで。

作り方順序

❶ 上は羽織の前身頃と後ろ身頃、下は袖を利用。

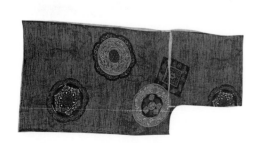

❷ 前身頃の部分を肩開きまで二つに折ります。

⑥ 袖を縫い合わせ、衿ぐりをとり襟見返しを作ります。

③ 折ったところを切り離します。

⑦ 衿ぐりのカーブはイラストのとおり。

④ 切り離したものを反対側に持っていきます。

⑧ ギャザーをとり上半分に縫い合わせます。
前身頃と後ろ身頃を縫い合わせて出来上がり。

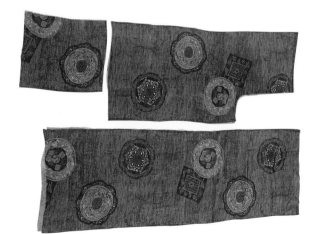

⑤ ギャザー部分を羽裏の袖からとります。これを各2枚用意。

材料

- 前身頃（各2枚）
- 後ろ身頃（各2枚）
- 脇のマチ（4枚）
- 袖（2枚・写真に無し）
- 衿（2枚）
- ポケット（2枚）
- 短冊（各2枚）
- ボタン（5個）

縞柄の着物から ピンタックつきワンピースを

製図（型紙）なしで作る第二弾です。ほどいた布の着物の幅をそのまま利用し、脇のマチはおくみを利用します。したがって出来上がりのサイズは使った着物の布幅によって、微妙に違ってきます。

縫い代

製図は出来上がり寸法です。縫い代は前身頃裾、後ろ身頃裾は各4㎝、袖口は2㎝、その他は1㎝です。

パーツを並べたところ

最初に前身頃と後ろ身頃のピンタックをそれぞれ4カ所とります。袖は肩の部分を「わ」にして。脇のマチはおくみを半分にして三角にしたものを、裾が下がるので3センチぐらい上がるよう下線を斜めに切ります。

第五章　着物リフォームの作り方

ピンタックを作る

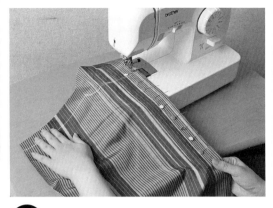

① ピンタックはまち針を売って1本ずつ縫います。

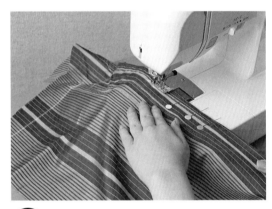

② ピンタックの長さは出来上がり20センチぐらい。

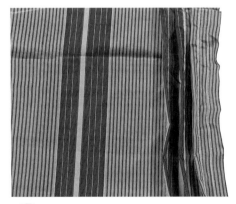

③ ピンタックの幅は縞柄に合わせ、メインにする色を決めます。

肩線を切る

① ピンタックを縫い終わったらアイロンをかけます。

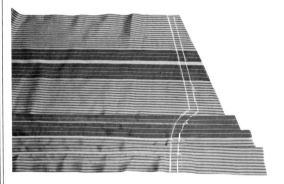

② 肩と衿ぐりの線と縫い代線をチャコで書き入れます。

③ 縫い代線に沿ってはさみで切ります。

袖のスリットを作る

肩を合わせ縫う

❶ 肩開きを中心に32センチほどとり、両脇を斜めに切ります。

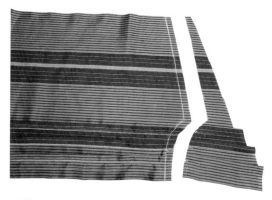

❶ 切ったところ。前身頃2枚、後ろ身頃2枚を作ります。

❷ 「押さえ」の布を用意しまち針でスリットに当てます。

❷ 前身頃の衿ぐり下がりは6センチ、後ろ身頃は3センチぐらい。

❸ 「押さえ」の布をスリットに合わせ切ってその回りを縫います。

❸ 前身頃と後ろ身頃の肩線を縫い合わせます。

第五章 着物リフォームの作り方

表に目立たない縫い方

① 次に袖口の部分を三つ折りに折ってアイロンをかけます。

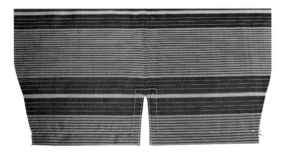

② まち針を打ってそれぞれミシンをかけます。

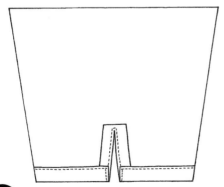

③ ミシンをかけ終わって表から見たところ。

④ ミシンは図のようにかけると表から見てきれいに見えます。

④ 「押さえ」の布の端を内側に折り曲げます。

⑤ 折り曲げたところにアイロンをかけます。

⑥ アイロンをかけ終わったところ。

袖をつける

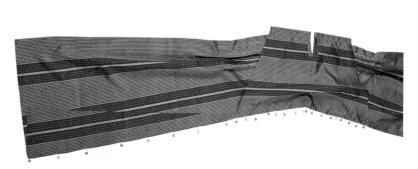

❷ 脇のマチを身頃につけてまち針を打ちます。

❶ 袖を身頃につけるため袖の中心と肩の線と合わせまち針を。

❸ 肩、袖、脇のマチを縫い合わせたところ。

袖下を縫う

❷ 袖下をミシンで縫ったところ。

❶ 袖下を合わせまち針を打ちます。

ポケットをつける

表に返し肩から40センチのところにポケットをつけます(同じものを2枚作る)。

脇を縫う

脇のマチを合わせまち針を打ってミシンで縫います。

短冊と衿のつけ方

作り方と順序

① 前身頃中心線の縫い代、縫い止まりより1cm下に切り込みを入れる。

② 右前身頃と右短冊布、左前身頃と左短冊布、それぞれを中表に合わせ、前中心線を前身頃の縫い止まりより2cm控えて縫う。

③ 短冊布の縫い代を裏側に倒す。

④ 短冊布を表に返し、縦2つに折り、短冊布が前身頃中心線より1.5cm飛び出るように形を整え、短ざく布全体に0.2cmのステッチをかける。

⑤ 左右の短冊布の下部を重ね、×字ステッチをかける。

⑥ 前衿と芯を貼った裏衿を中表に合わせ、衿上部を縫い、下部の縫い代を裏側に向けて折り、表に返してアイロンで形を整える。

⑦ 衿の下部に前後身頃の衿ぐりをはさみ縫う。

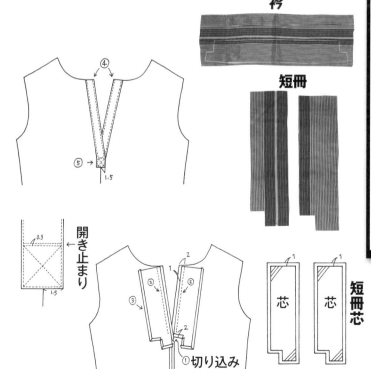

渋谷容子 しぶや やすこ

デザイナー。香川県生まれ。文化服装学院卒業。「手づくりしぶや」として、手づくりの袋物、洋服づくりを始め、1987年、「和、裂、服」のブランドで西武百貨店にて藍染、鯉のぼり、古布を使った服を展示。以後、時代物の着物、帯、古裂などを使い、モダンでレトロな洋服づくりで人気。各地で着物リフォームの展示会を開き、好評緒博している。2015年より東京銀座教文館ギャラリーで、年2回展示会を開催。『おしゃれな着物リフォーム』(成美堂出版)など著書多数。

撮影協力	三井ホーム(株)成城第2モデルハウス
	東京都世田谷区成城1-4-1東宝スタジオ内◎☎03-3415-1532
	イマック◎☎03-3409-8271
	インターモード川辺◎☎03-3352-7956
	ダイアナ銀座本店◎☎03-3573-4005
	塩田昇三◎☎03-3996-0532
	金澤ミチヨ◎☎03-3964-7618
企画・編集	(有)モノアート
撮影	山本和正
カバー・本文デザイン	CYCLE DESIGN
製図制作	藤岡幸子
スタイリング	塚越奈緒美
モデル	田才知恵／YURIHA
ヘアメイク	門田好江

渋谷容子の
おしゃれな着物リフォーム

2018年 4月10日 初版第1刷発行
2021年 5月10日 初版第3刷発行

制作・監修●渋谷容子
発行者●廣瀬和二
発行所●株式会社日東書院本社
〒160-0022 東京都新宿区新宿2丁目15番14号 辰巳ビル
TEL●03-5360-7522(代表)
FAX●03-5360-8951(販売部)
URL●http://www.TG-NET.co.jp

印刷所●大日本印刷株式会社 製本所●株式会社セイコーバインダリー

本書の無断複写複製(コピー)は、著作権法上での例外を除き、著作者、出版社の権利侵害となります。
乱丁・落丁はお取り替えいたします。小社販売部までご連絡ください。
© Nitto Shoin Honsha Co.,Ltd.2018,Printed in Japan ISBN978-4-528-02198-3

読者の皆様へ

本書の内容に関するお問い合わせは、お手紙、FAX(03-5360-8047)、メール(info@TG-NET.co.jp)にて承ります。
恐縮ですが、電話でのお問い合わせはご遠慮ください。

「渋谷容子のおしゃれな着物リフォーム」編集部

＊本書は2009年に辰巳出版株式会社より刊行された『渋谷容子のおしゃれなきもの・和布リフォーム』の増補・改訂版です。